로마
숨은 매력 찾기

프롤로그

경험은 반복될수록 익숙해진다. 여행도 마찬가지다. 처음 느꼈던 감동은 반복에 따라 익숙함으로 바뀐다. 그리고 익숙함은 곧 다른 경험으로 이끈다. 로마를 처음 봤을 때 감동은 여전히 가슴 한편에 저장되어 있지만, 가면 갈수록 이전과 다른 경험을 원하게 되었다. 그것은 로마를 조금 더 깊게 알고 싶다는 욕망이었다.

슬슬 랜드마크를 벗어나기 시작했다. 가이드북에 나오지 않는 곳, 현지인만 아는 곳이 관심사가 되었고, 관광객 대부분이 가는 명소와 뻔한 코스는 목적지에서 제외되었다.

물론 갔던 데를 다시 가는 반가움과 즐거움을 무시하지 않았다. 바티칸은 항상 경건했고, 콜로세움은 늘 웅장했다. 박물관과 성당에 있는 작품도 볼 때마다 감동이었다. 그러나 새로움을 원하는 욕구가 꾸준히 마음속에서 꿈틀댔다.

언제부터인가 로마 골목과 중심지 주변을 걷고 있었다. 소소하나 멋진 풍경이 눈에 들어왔고, 카메라에는 일상이 묻어나는 장면이 찍혔다. 지도를 내려놓고 그저 발길 따라 걷다 보니 우연을 가장한 선물 같은 상황이 다가옴을 알 수 있었다. 익숙함이 안내한 또 다른 경험이었다. 그렇게 로마는 새로운 모습으로 다가왔다.

15년 동안 매년 로마에 한 달씩 머물면서 찾아낸 매력을 책에 담아냈다. 로마를 더욱 깊고 넓게 보려는 사람과 나누고 싶은 경험담을 모아놓았다. 아는 이에게만 보이는, 또는 찾는 이에게만 보여주는 로마의 숨은 모습을 들춰내 로마를 향한 애정을 더욱 깊게 하는 장소가 있다. 물론 내가 찾은 모습이 로마의 모든 것을 말해주지 않는다. 아직 발견하지 못한 매력이 더 있을 것이 명백하다. 그것이 다시 로마로 가야 할 충분한 이유가 될 것이고 그 발걸음이 기대에 넘칠 것이다. 분명 나는 내년도 그다음 해에도 로마에 오겠지만, 우선 그동안 내가 찾은 매력을 소개하고 싶다. 주변에 "또 로마야?"고 하는 이들이 있다. 매년 시간을 내서 로마를 찾아가는 내가 의아한가 보다. 그들에게 이 책이 대답이 될 것이다. 페이지 속 멋진 곳과 이야기를 보면 늘 로마로 향하는 나를 조금은 이해할 것이다. 이런 곳을 어떻게 다시 가지 않을 수 있단 말인가. 그렇다. 또 로마다!

2025년 1월 겨울빛 가득한 로마 어느 카페 테라스에서

목차

로마 매력은 골목에 11

비아 마르구타 14
비아 줄리아 26
비아 데이 코로나리 42
비아 베아트리체 첸치 50
보르고 피오 54

로마를 대표하는 두 예술가, 베르니니와 보로미니 61

두 예술가의 끈질긴 인연 64
베르니니의 섬세함과 위트를 만날 수 있는 곳 72
베르니니와 보로미니를 함께 만날 수 있는 곳 80

예술이 흐르는 로마 93

오롯이 즐길 수 있는 작은 미술관, 성당 96
로마 거리는 야외 미술관, 그라피티 110
역사와 예술의 만남, 아드리아노 신전 조명 쇼 118
로마를 그린 음악, 레스피기 <로마 3부작> 122
빛의 예술가 카라바조를 찾아서 130

이야기가 있는 로마 171

피에트로 롬바르디가 제작한 9개 분수 174
슬픈 역사를 극복한 곳, 게토 지구 188
로마에서 3국을 한눈에 담을 수 있는 곳이 있다? 194
로마 건물 벽면은 기록 보관소 198

색다른 로마 203

콰르티에레 코페데 206
갈레리아 쉬아라 214
아르코 델리 아체타리 218
이질감 없는 조화, 오벨리스크 224

힐링을 위하여 229

소소하고 아름다운 사치, 보르게제 공원 232
나만의 아지트, 숨어있는 공간 242
가기만 해도 힐링이 되는 곳, 재래시장 254
고대 로마 시간 속을 한가롭게 거닐고 싶다면 262
오렌지빛 물든 로마의 낭만 270

현지인처럼 (로마 일상 속으로) 277

로마 현지인 모습이 궁금하다면 280
조금 더 로마를 들여다보고 싶다면 트리에스테로 288
현지인이 찾는 벼룩시장은 따로 있다 298

로마 체대로 즐기기 305

새벽 로마를 만나자 308
그들의 사랑방, 바르 314
오후의 여유, 아페리티보 322
아침을 달리는 로마노 326
식자재 천국, 이탈리 340

로마를 즐기는 또 다른 방법 347

남다르게 콜로세움을 즐기는 방법 352
로마 궁전이 궁금하다면 362
시간의 무게를 즐기자 378
감동적인 첫 만남을 원한다면 382

떠나기 전에 (즐거운 로마 여행을 준비하며) 389

여행 코스 계획할 때 유용한 꿀팁 392
호텔 선택 방법 398
여행 전 맛집을 찾고 예약하는 방법 402
화장실 이용 406

Attractive Places in Rome

로마 매력은 골목에

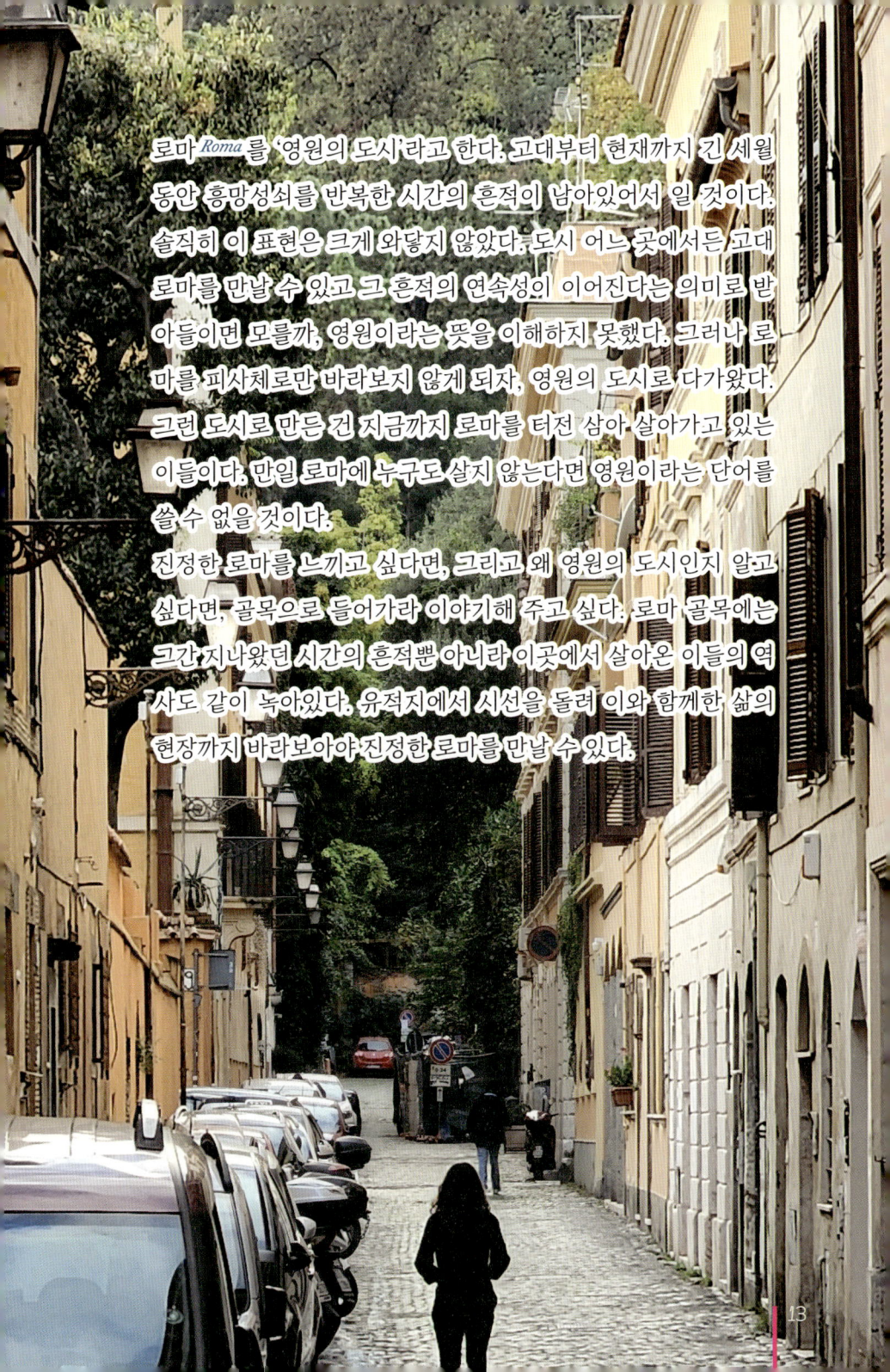

로마 *Roma*를 '영원의 도시'라고 한다. 고대부터 현재까지 긴 세월 동안 흥망성쇠를 반복한 시간의 흔적이 남아있어서 일 것이다. 솔직히 이 표현은 크게 와닿지 않았다. 도시 어느 곳에서든 고대 로마를 만날 수 있고 그 흔적의 연속성이 이어진다는 의미로 받아들이면 모를까, 영원이라는 뜻을 이해하지 못했다. 그러나 로마를 피사체로만 바라보지 않게 되자, 영원의 도시로 다가왔다. 그런 도시로 만든 건 지금까지 로마를 터전 삼아 살아가고 있는 이들이다. 만일 로마에 누구도 살지 않는다면 영원이라는 단어를 쓸 수 없을 것이다.

진정한 로마를 느끼고 싶다면, 그리고 왜 영원의 도시인지 알고 싶다면, 골목으로 들어가라 이야기해 주고 싶다. 로마 골목에는 그간 지나왔던 시간의 흔적뿐 아니라 이곳에서 살아온 이들의 역사도 같이 녹아있다. 유적지에서 시선을 돌려 이와 함께한 삶의 현장까지 바라보아야 진정한 로마를 만날 수 있다.

비아 마르구타

여행하며 골목 안쪽으로 들어가는 일은 사실 많지 않다. 보통 큰 길을 따라 걷고 골목에 잘못 접어들면 길을 헤맬 수 있다는 걱정부터 한다. 그러나 골목 탐방은 보물찾기다. 도시가 숨겨 놓은 보물이 빼꼼 고개를 내민다. 그래서 일부러 작은 골목을 찾아다니는 것이 여행 일정 가운데 하나가 되었다.

비아 마르구타*Via Margutta*는 로마 골목 매력에 빠져들게 한 시작점이었다. 이곳으로 안내한 건 영화「로마의 휴일*Roman Holiday*, 1953」이다.「로마의 휴일」에서 그레고리 펙*Gregory Peck*이 살던 집에 가려고 찾은 곳이 비아 마르구타였다.

골목 이름 앞에 붙은 비아*Via*는 길(도로)을 뜻한다. 비아 마르구타는 스페인 광장*Piazza di Spagna*과 포폴로 광장*Piazza del Popolo* 사잇길이다. 작은 일직선 골목길이지만 담쟁이덩굴로 뒤덮인 예쁜 건물과 레스토랑, 소박한 정원을 안은 건물, 갤러리와 부티크 호텔이 양쪽으로 늘어 서 있어 아기자기한 분위기에 푹 빠져들게 한다. 북적이는 관광객 틈에서 벗어난 한가로움 또한 좋다.

비아 마르구타는 드뷔시*Claude Debussy*, 리스트*Franz Liszt*, 바그너 *Richard Wagner*, 피카소*Pablo Picasso* 등 유명 예술가가 머물던 곳이다. 하지만 처음부터 예술가들이 거주한 것은 아니다. 주변 스페인 광장이 옛날에는 마차를 주차하던 곳이었기에 그 일과 관련된 노동자, 벽돌공이나 대리석 기능공들이 살던 곳이었다. 예술가가 하나둘 모여들며 지금 모습으로 변한 것이다. 비아 마르구타 한가운데 서 있으면 그들이 품었던 예술 감흥이 전해 오는 것 같다.

영화 속 그레고리 펙의 집은 비아 마르구타 51번지다. 많은 사람이 방문하기에 집 앞 정원까지만 들어갈 수 있고, 계단 입구는 철문으로 잠겨 있다. 창살 사이로 덩굴나무가 있는 계단이 보인다.

예술가가 사랑했던 골목이라 해도 손색없는 비아 마르구타는 영화 「길 *La Strada*, 1954」을 감독한 페데리코 펠리니 *Federico Fellini*가 살았던 곳이기도 하다. 비아 마르구타 110번지 벽에는 페데리코 펠리니와 아내이자 배우인 줄리에타 마시나 *Giulietta Masina*를 그린 일러스트 패널과 문패가 걸려 있다.

조용하고 한적한 추억을 만들고 싶다면 이곳을 걸어 보라 말하고 싶다. 로마 골목이 지닌 매력에 기대감을 갖게 될 것이다.

비아 마르구타를 벗어나자마자 스페인 계단*Scalinata di Trinità dei Monti*이 있는 스페인 광장을 만날 수 있다. 스페인 광장은 로마 유명 관광지 중 한 곳으로 언제나 사람들이 북적이는 곳이다.

「로마의 휴일」 속 앤 공주처럼 스페인 계단에서 젤라토*gelato*를 먹을 계획이라면, 아쉽지만 불가능하다. 2016년 보수 공사 후 계단에 앉거나 음식물 먹는 행위가 금지되었다. 벌금을 물 수도 있으니 주의해야 한다. 이제는 스페인 계단에 옹기종기 앉아 지친 다리도 쉴 겸 광장을 즐기는 사람과 명품 거리인 비아 데이 콘도티 *Via dei Condotti*에서 쇼핑하는 이를 구경하는 사람들 모습은 옛 추억이 되었다.

매년 방문할 때마다 새로운 규제가 생기는 것 같다. 이 때문에 로마에서 느낄 수 있는 낭만이 줄어들어 아쉽기도 하지만, 다음 세대에 조금이나마 좋은 상태로 넘겨주려면 우리가 감수해야 할 부분이 아닌가 싶다.

스페인 광장 앞 콘도티 거리에는 1760년 문을 연 안티코 카페 그레코 *Antico Caffè Greco*가 있다. 이탈리아 *Italia* 문화재로 지정된 곳이며 괴테 *Johann Wolfgang von Goethe*, 바이런 *George Gordon Byron*, 스탕달 *Stendhal*, 안데르센 *Hans Christian Andersen*, 멘델스존 *Felix Mendelssohn-Bartholdy*, 바그너, 리스트 같은 예술가가 사랑했던 카페다. 꼭 가봐야 할 로마 카페로 꼽힌다. 커피 맛을 떠나 200년 넘는 시간을 지나온 공간의 가치가 있어 한 번쯤 방문해야 하는 곳이다. 카페를 찾았던 예술가와 얼굴을 마주할 수 없지만, 그들이 머물렀던 공간에서 같은 커피와 음료를 즐길 수 있다.

비아 마르구타

비아 마르구타 51번지

비아 마르구타 110번지

안티코 카페 그레코

비아 줄리아

로마 골목을 걷는 이유 중 하나는 시간의 흔적을 느낄 수 있어서다. 변화와 무관해 보이는 옛 모습이 낯선 듯 편안함을 안겨준다. 발길 따라 걷다 보면 거리가 지닌 개성이 자연스럽게 다가온다.
비아 줄리아 *Via Giulia*는 고급스럽고 우아하게 치장한 귀부인이 연상되는 거리다. 로마 도시 계획 일환으로 교황 줄리오 2세 *Giulio II*가 도나토 브라만테 *Donato Bramante*에게 의뢰해 생성되었으며, 줄리오 2세 이름을 따왔다. 테베레강 *Fiume Tevere*과 나란히 뻗은 비아 줄리아는 1km 직선의 아름다운 거리다.
좁고 진흙투성이였던 거리를 줄리오 2세가 재정비한 이유는 산 피에트로 대성당 *Basilica di San Pietro* (성 베드로 대성당) 방문자 안전과 더불어 이 지역을 도시 금융 활동 및 행정 중심지로 만들고자 했기 때문이었다. 그의 도시 계획은 중간에 중단되었지만, 당시 흔적을 찾아볼 수 있다.

비아 줄리아 62번지에는 소파 디 비아 줄리아*Sofà di Via Giulia*라 불리는 돌의자가 있는데, 줄리오 2세가 여러 지역에 흩어져 있는 사법 재판소를 한곳에 모으려고 짓던 건물 외관 일부다.
도시 계획은 완성되지 못했지만 아름다운 건물들이 지어지면서 부유한 지역이 되었고 라파엘로 산치오*Raffaello Sanzio*, 프란체스코 보로미니*Francesco Borromini* 같은 예술가가 주거지로 선택하였다.

비아 줄리아에서 빼놓을 수 없는 아치*arch*형 구조물 라르코 파르네제*L'Arco Farnese*는 미켈란젤로가 파르네제 궁전*Palazzo Farnese*과 테베레강 건너편 빌라 파르네시나*Villa Farnesina*를 연결하는 다리 건설 계획 중 하나로 디자인한 것이다. 이 계획 또한 이루어지지 않았지만, 육교 아치는 남아 있다.

파르네제 가문 후원으로 고대 가면을 형상화해 만든 분수 폰타나 델 마스케로네*Fontana del Mascherone*도 이 골목에서 빠질 수 없는 존재다. 분수 위쪽 철로 만든 백합장식은 파르네제 가문 문장이다. 로마에는 이탈리아 여느 도시보다 분수가 많다. 그래서 가끔 분수에서 물이 아닌 와인*wine, vino*이 나오면 어떨까 하는 상상을 하곤 했는데, 1720년 그런 일이 이 분수에서 있었다. 이탈리아 시에나*Siena* 출신 귀족 마르칸토니오 존다다리*Marc'Antonio Zondadari*가 몰타*Malta* 고위 공직인 그랜드 마스터에 선출된 것을 축하하려고 밤새 이 분수에서 와인이 쏟아져 나왔다고 한다. 분수에서 뿜어져 나오는 와인을 마시는 기분은 어땠을까? 눈앞에서 이런 일이 펼쳐진다면 절로 흥이 나고 와인 향기에 잔뜩 취하지 않을까?

비아 줄리아 85번지 건물은 르네상스 *Renaissance* 천재화가 라파엘로가 구매한 건물 중 하나다. 건물 1층(유럽 *Europe* 에서는 1층을 0층이라고 하기 때문에 우리가 생각하는 2층이 1층이다) 3개 창문들에 POSSEDEVA RAF SANZIO NEL MDXX라는 문구가 새겨져 있는데, 이는 "라파엘로 산치오가 1520년에 소유했다"는 뜻이다.

이 길 끝 산 조반니 데이 피오렌티니 성당*Chiesa di San Giovanni dei Fiorentini*에는 이탈리아 바로크*Baroque* 건축을 이야기할 때 빼놓을 수 없는 건축가 프란체스코 보로미니의 무덤이 있다. 산 조반니 데이 피오렌티니 성당은 피렌체 수호 성인 세례 요한*Giovanni Battista*에게 봉헌된 성당으로, 메디치 가문 출신 교황 레오네 10세 *Leone X*와 교황 클레멘테 7세*Clemente VII*가 성당 주변 지역에 모여 살았던 피렌체인을 위해 지은 것이다.

보로미니는 그의 걸작 중 하나인 산 카를로 알레 콰트로 폰타네 성당*Chiesa di San Carlo alle Quattro Fontane*에 묻히기를 원했으나, 자살로 삶을 마감하는 바람에 거부당하였다. 산 조반니 데이 피오렌티니 성당 근처에 살았던 보로미니는 결국 친척이자 스승 카를로 마데르노*Carlo Maderno*가 묻힌 이곳에 영원히 잠들게 되었다. 그의 무덤은 중앙 제단 왼편 앞에 있다.

FRANCISCUS BORROMINI
1599–1667

D · O · M

FRIDERICVS SOLETVS
CAM APLICAE ANN SVPRA XX
A COMPVTIS GENERALIBVS
VICINAM MORTEM PRAENOSCENS
PROPE SACRAM DEIPARAE
VIRGINIS IMAGINEM
SPE VERAM IN COELIS

비아 줄리아에서 걸음을 멈추기 아쉽다면, 바로 옆 비아 데이 반키 베키 *Via dei Banchi Vecchi*로 발길을 돌리는 것도 좋다. 비아 줄리아와 다른 느낌이 들 것이다.

현지인이 즐겨 찾는 와인 가게와 카페, 그리고 작은 상점이 있다. 골목 구석구석 색다른 모습이 숨어있다. 오래된 가구를 수선하는 공방과 앤티크 가구점, 빈티지 액세서리와 주얼리 숍, 인테리어 소품 가게 등을 볼 수 있다. 골목에서 우연히 만나는 이국적 풍경은, 생소하지만 나름대로 재미있으므로 천천히 구경해보기를 권한다.

일상의 익숙함을 벗어나려 여행을 떠났으면서도 생경함을 마주하게 되면 시도보다 회피나 경계할 때가 종종 있다. 너무 과감한 도전은 필요 없지만, 다름을 수용하고 받아들이다 보면 조금 더 다양하고 넓은 세상을 만날 수 있을 것이다.

이들 골목은 길지 않아 지도를 내려놓고 가벼운 마음으로 걷기 좋은 곳이고, 낯섦에 한 발짝 다가가기 적합한 곳이다.

비아 데이 반키 베키 끝 지점에 다다르면 비아 디 몬세라토*Via di Monserrato*와 비아 델 펠레그리노*Via del Pellegrino*로 가는 갈림길이 나온다. 비아 디 몬세라토는 프랑스*France* 대사관으로 사용 중인 파르네제 궁전이 있는 파르네제 광장*Piazza Farnese*으로 갈 수 있으며, 비아 델 펠레그리노는 재래시장이 열리는 캄포 데 피오리 *Campo de' Fiori* 광장으로 연결된다.

비아 쥴리아

비아 쥴리아 62번지

라르코 파르네제

폰타나 델 마스케로네

비아 쥴리아 85번지

산 조반니 데이 피오렌티니 성당

비아 데이 반키 베키

비아 데이 코로나리

골목을 탐방하다 보면 가끔 다른 세상으로 순간 이동한 듯한 착각에 빠질 때가 있다. 관광객 가득한 광장에서 골목 안으로 몇 걸음 내디뎠을 뿐인데 등 뒤 풍경과는 전혀 다른 모습이 종종 눈앞에 펼쳐져 신기하고 의아할 때가 있다. 그런 매력에 골목을 계속 찾아 들어가게 된다.

나보나 광장 서쪽(나보나 광장과 테베레강 사이)에는 카메라를 절로 들게 하는 골목이 곳곳에 흩어져 있어 둘러보는 재미가 쏠쏠하다. 분수물 소리와 대화 소리, 그리고 햇살 가득한 나보나 광장에서 비아 데이 로레네지*Via dei Lorenesi*를 거쳐 골목 안으로 들어서면 담쟁이덩굴과 나뭇잎으로 뒤덮인 건물이 나타난다. 복작대는 광장과 상반된 골목의 조용한 분위기, 나무 요정이 살 것 같은 건물 모습은 동화 나라에 초대받은 상상을 하게 만든다. 담쟁이덩굴 건물을 지나 골목길을 따라 걸어 올라가면 고대 시대부터 존재했던 비아 데이 코로나리*Via dei Coronari*를 만날 수 있다.

비아 데이 코로나리는 고대에 비아 렉타*Via Recta*, 중세에는 비아 디 토르 상귀냐*Via di Tor Sanguigna*로 불리다가 교황 식스토 4세*Sisto IV*가 새로 정비하며 현재 이름으로 봉헌되었다. 산 피에트로 대성당을 방문하는 순례자가 이 길을 많이 이용하면서 순례자를 대상으로 묵주를 팔기 시작하였고, 묵주 판매상이 모여들며 분주한 거리가 되었다.

이 거리에는 작은 상점과 바 그리고 젤라토 가게 젤라테리아 델 테아트로 *Gelateria del Teatro*가 있다. 큰 유리창 너머로 젤라토 만드는 모습을 볼 수 있다. 맛있는 젤라토와 함께 골목 정취를 느끼며 걷는다면 누구도 부럽지 않을 것이다. 작은 요소 하나 곁들이는 것만으로도 여행의 즐거움이 배가 된다.

젤라테리아 바로 옆 골목은 지나칠 수 없는 포토존 *photo zone*이다. 개성 어린 레스토랑과 계단 그리고 나무 덩굴을 보는 순간 카메라를 들 수밖에 없다. 골목에만 있는 이런 아기자기 풍경이 자꾸 골목 여행을 부추기는 조미료 역할을 한다. 눈과 마음에 담아오면 일상에서 추억이라는 이름으로 쉼을 준다.

이 거리 148번지 건물은 16세기에 지은 것이다. 로마 방어 책임자였던 프로스페로 모키 *Prospero Mochi* 집으로, 문 위에 TUA PUTA QUE TUTE FACIS라 쓰여 있는데, "모든 일을 당신 일로 여겨라"는 뜻이다. 2층 창문에는 "모두가 모든 일을 할 수는 없다"란 뜻의 NON OMNIA POSSUMUS OMNES와 "약속을 지켜라"는 뜻의 PROMISSIS MANE가 장식되어 있다.

16세기 프로스페로 모키가 삶을 대했던 신념이 21세기를 사는 나에게도 같은 가치로 받아들여지는 걸 보면, 시대를 막론하고 삶의 기본은 변하지 않는다는 것을 깨닫는다. 환경이 급변하는 상황에서도 흔들림 없는 삶을 산다는 건 단단한 반석 위에 서는 일임을 이 집을 바라보면서 다시 한번 되새겨 본다.

비아 데이 코로나리

젤라테리아 델 테아트로

비아 데이 코로나리 148번지

비아 베아트리체 첸치

우선 거리 이름에 대해 알고 넘어가야겠다. 명칭은 실존 인물 베아트리체 첸치*Beatrice Cenci*로부터 유래하였다. 바르베리니 궁전 내 국립 고대미술관*Galleria Nazionale d'Arte Antica a Palazzo Barberini*에서 만날 수 있는 이 그림은, 주인공이 베아트리체 첸치라 하여 관심과 논란의 대상이었다. 이탈리아 역사학자 안토니오 루도비코 무라토리*Antonio Ludovico Muratori*가 로마 멸망 후부터 1749년까지 이탈리아 역사를 연대순으로 정리해 기록한 저서 『이탈리아 연대기*Annali d'Italia*』에서 베아트리체 첸치를 비극적 인물로 언급한 뒤 그 이야기가 대중화되었고, 한동안 귀도 레니*Guido Reni*가 그린 [베아트리체 첸치의 초상]이라 여겨왔다. 하지만, 오랜 연구 끝에 볼로냐*Bologna* 여성화가 지네브라 칸토폴리*Ginevra Cantofoli*가 그린 [터번*turban*을 두른 젊은 여성]일 것이라 추정하고 있다. 미술관도 홈페이지에 작가명을 칸토폴리로 표기하고 있다.

이 작품은 오랜 세월 많은 예술가의 사랑과 찬사를 받았다. 귀도 레니가 처형 직전 베아트리체를 그린 것이라는 이야기가 생길 만큼 세간의 관심도 컸다. 비록 그림 속 주인공이 베아트리체 첸치가 아닐지라도, 그녀의 진짜 모습이 이렇지 않았을까 하는 상상을 하게 된다.

베아트리체 첸치는 1577년 2월 6일 에르실리아 산타크로체*Ersilia Santacroce*와 프란체스코 첸치*Francesco Cenci* 백작의 딸로 태어났다. 첸치 백작은 폭력적이고 무자비하며 가정적이지 못한 사람이었다. 부인 에르실리아 산타크로체가 세상을 떠난 후 루크레치아 페트로니*Lucrezia Petroni*와 재혼하였는데, 여전히 가정에서 폭력을 행사하는 폭군이었다. 프란체스코 첸치는 그의 아름다운 딸 베아트리체에게도 몹쓸 짓을 하는 인면수심의 파렴치한이었다. 결국 베아트리체와 형제들, 루크레치아는 프란체스코 첸치의 폭력에서 벗어나려고 그를 살해하기로 결정, 실행에 옮겼다. 망치로 때려죽인 후 발코니에서 떨어뜨려 실족사한 것으로 위장하였으나, 시신에 있는 상처 때문에 범행이 발각되고 말았다.

베아트리체 가족을 향한 동정 여론도 있었지만, 첸치 가문의 부를 소유하고 싶었던 교황 클레멘테 8세 *Clemente VIII*가 그들의 안타까운 상황을 참작하지 않고 막냇동생을 제외한 모두를 1599년 9월 11일 산탄젤로 *Sant'Angelo* 광장에서 공개 처형하였다. 그렇게 베아트리체 첸치는 형장의 이슬로 사라졌다.

그림을 보면 구도와 분위기 때문에 네덜란드*Netherlands* 화가 요하네스 페르메이르*Johannes Vermeer*의 [진주 귀걸이를 한 소녀]가 떠오르기도 한다.

작품 속 이름 모를 소녀같이 가늘고 여렸을 베아트리체가 또래처럼 풋풋한 꿈을 꾸기보다 끔찍하고 감당하기 힘든 하루하루를 버텨야 했다는 사실이 가슴 아프고 애처롭기만 하다.

베아트리체 첸치의 흔적은 베아트리체 첸치 거리*Via Beatrice Cenci*에 있는 궁전과 건물, 그리고 두 건물을 연결하는 아치에서 만나 볼 수 있다.

비아 베아트리체 첸치

보르고 피오

바티칸*Vatican*과 산탄젤로성*Castel Sant'Angelo* 사이에 성벽이 길게 연결되어 있다. 이 성벽은 교황 레오네 4세*Leone IV*가 846년 사라센*Saracen*의 침공 후 로마와 산 피에트로 대성당을 방어하려고 만든 것이다. 단순한 성벽처럼 보이는 이곳에 파세토 디 보르고*Passetto di Borgo*라 불리는 비밀통로가 숨어 있다.

성벽 위에 만든 파세토 디 보르고는 13세기 교황 니콜로 3세*Niccolò III*가 바티칸이 침략당했을 때 요새 같은 산탄젤로성으로 피신하려고 만든 비상 탈출구다. 영화 「천사와 악마*Angels & Demons*, 2009」에서 주인공 랭던*Robert Langdon* 교수(톰 행크스*Tom Hanks*)와 물리학자 비토리아*Vittoria Vetra*(아예렛 주러*Ayelet Zurer*)가 산탄젤로성에서 바티칸으로 뛰어가던 바로 그 성벽이다.

파세토 디 보르고 너머로 나란히 쭉 뻗은 거리가 보르고 피오*Borgo Pio*다. 보르고는 "구역(지구)"를 의미하는데, 색슨족 언어인 "부르그*Burg*"에서 유래하였다. 거리 이름은 1565년 교황 비오 4세*Pio IV*가 자신의 이름을 따서 명명하였다.

바티칸 박물관*Musei Vaticani*과 산 피에트로 대성당을 여러 번 방문하면서도 성벽 너머에 가 볼 생각은 안 했는데, 우연히 길과 작은 광장 사이 덩그러니 있는 분수 사진을 보고 이끌려 찾게 되었다. 사진 속 분수를 좇아 들어간 거리는 골목보다 도로라는 느낌이 들 만큼 넓고 시원했다. 거리 양쪽에 카페와 레스토랑 노천 테이블이 자리 잡고 있어 유럽 특유의 이국적 느낌을 한껏 즐길 수 있을 뿐 아니라 드문드문 설치된 벤치에서 잠시 쉬어 갈 수도 있다. 교황 비오 9세*Pio IX* 때 만들어진 분수는 직접 보니 위용과 무게감으로 주변을 압도하고 있었다. 분수를 뒤로하고 걷다 보면 골목 사이로 보이는 파세토 디 보르고가 또 다른 풍경을 선사한다.

HOTEL

DOMENICO FONTANA
Melide-Lago di Lugano 1543-Napoli 1607
ARCHITETTO E URBANISTA DI SISTO V
PROTAGONISTA DELLA CREAZIONE DI ROMA MODERNA
QUI VISSE
Il comune di Roma e il comune di Melide
MCMXCVII

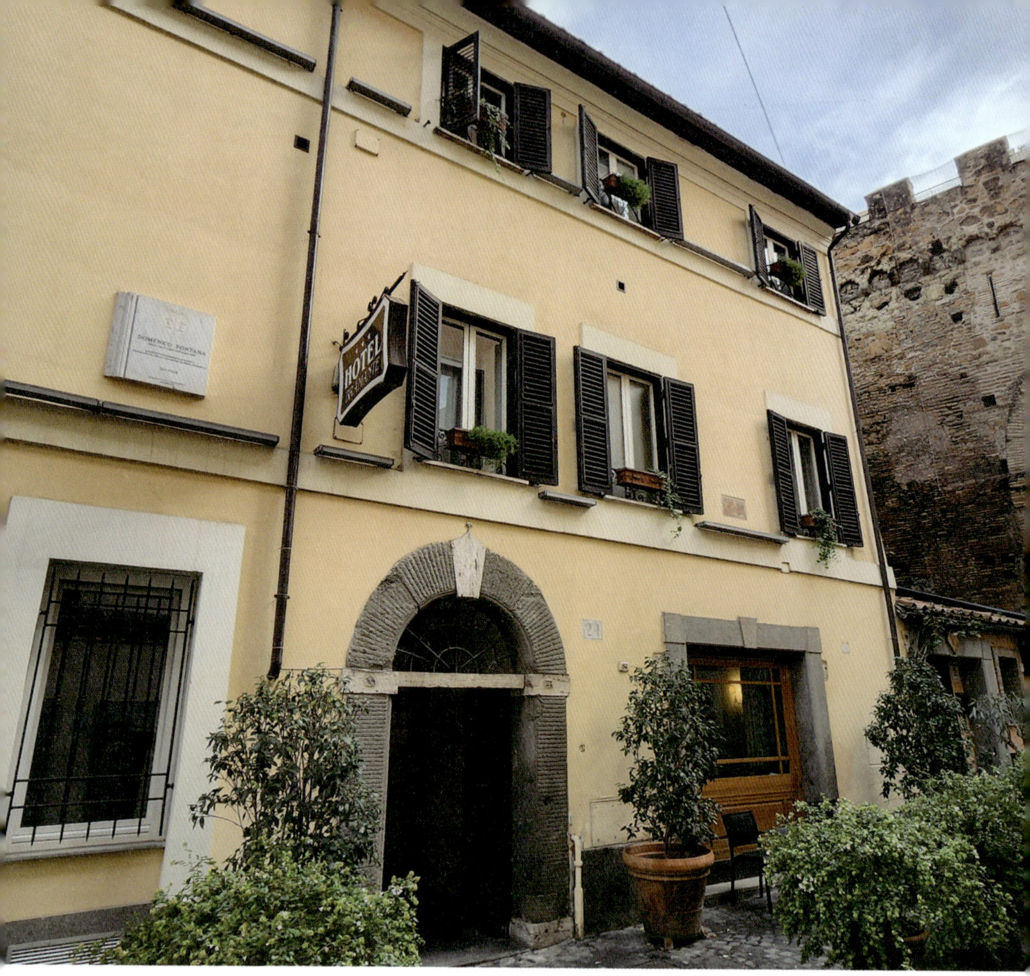

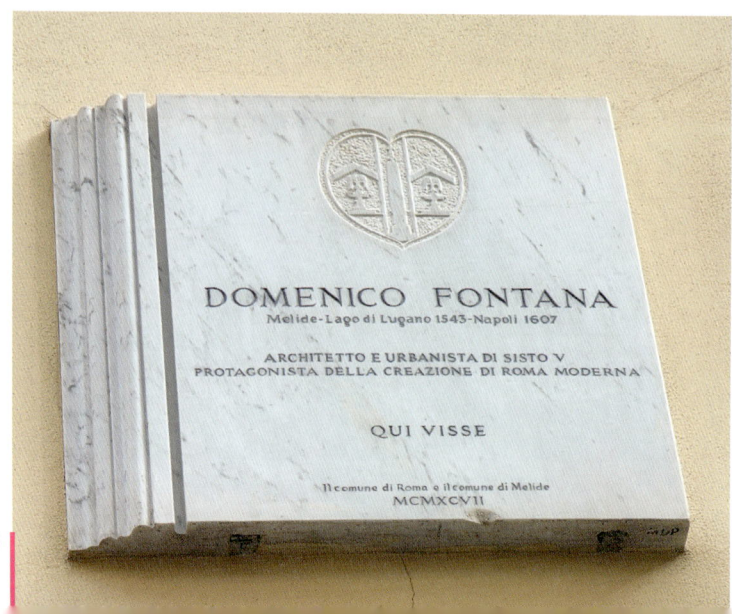

작은 골목 중 하나인 비콜로 델레 팔리네*Vicolo delle Palline*의 24번 지는 건축가 도메니코 폰타나*Domenico Fontana*가 살던 집이다. 현재 호텔이 들어와 있다.
바티칸 박물관과 산 피에트로 대성당 방문 후 주변을 둘러볼 요량이라면 성벽 너머 이곳으로 발길을 돌려 보는 건 어떨까?

파세토 디 보르고

보르고 피오 12번지

비콜로 델레 팔리네 24번지

로마를 대표하는 두 예술가, 베르니니와 보로미니

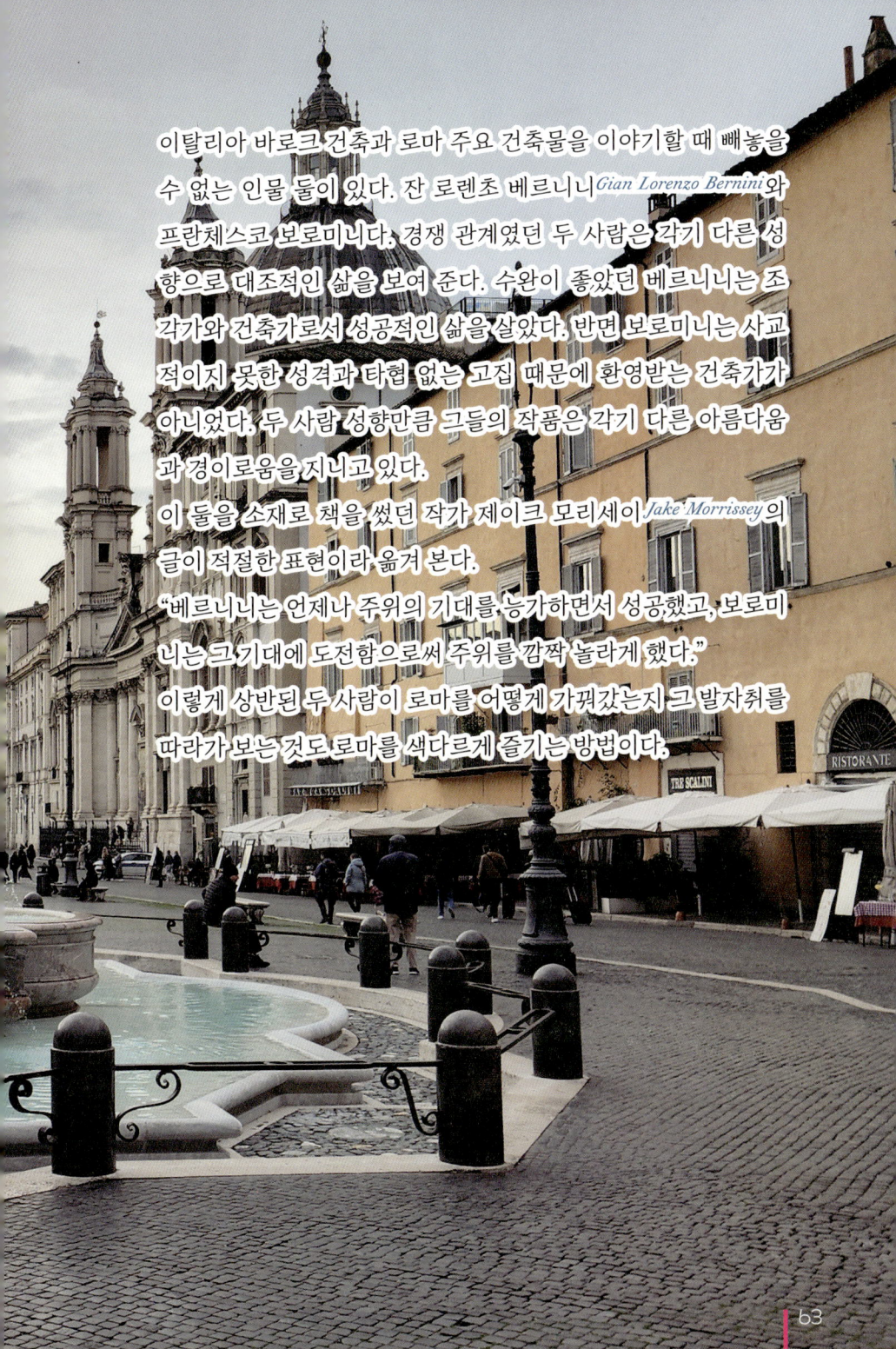

이탈리아 바로크 건축과 로마 주요 건축물을 이야기할 때 빼놓을 수 없는 인물 둘이 있다. 잔 로렌초 베르니니*Gian Lorenzo Bernini*와 프란체스코 보로미니다. 경쟁 관계였던 두 사람은 각기 다른 성향으로 대조적인 삶을 보여 준다. 수완이 좋았던 베르니니는 조각가와 건축가로서 성공적인 삶을 살았다. 반면 보로미니는 사교적이지 못한 성격과 타협 없는 고집 때문에 환영받는 건축가가 아니었다. 두 사람 성향만큼 그들의 작품은 각기 다른 아름다움과 경이로움을 지니고 있다.

이 둘을 소재로 책을 썼던 작가 제이크 모리세이 *Jake Morrissey*의 글이 적절한 표현이라 옮겨 본다.

"베르니니는 언제나 주위의 기대를 능가하면서 성공했고, 보로미니는 그 기대에 도전함으로써 주위를 깜짝 놀라게 했다."

이렇게 상반된 두 사람이 로마를 어떻게 가꿔갔는지 그 발자취를 따라가 보는 것도 로마를 색다르게 즐기는 방법이다.

두 예술가의 끈질긴 인연

베르니니와 보로미니는 서로의 인연을 어떻게 생각했을까? 경쟁자? 아니면 질투의 대상이었을까? 로마에서 그들의 작품을 만날 때면 서로에게 품었던 생각과 마음이 궁금해진다. 전해지는 가십_gossip_으로 추측건대, 서로를 신경 썼던 것만은 틀림없어 보인다. 본인들 의사와 상관없이 사후에도 엮여 이야기되는 것을 보면 특별한 인연이 맞나 보다.

얽혀있는 두 사람 인연을 산탄드레아 델레 프라테 성당_Basilica di sant'andrea delle fratte_에서 볼 수 있다. 평범해 보이는 이 성당에 주목해야 할 두 가지가 있다. 성당 종탑과 돔_dome_ 그리고 성당 내부에 있는 천사 조각상 두 개다.

트레비 분수와 스페인 계단을 오가는 길에 만나게 되는 이 성당은 그냥 지나치고 마는 성당 중 하나다. 관광객 눈높이에서 보이는 겉모습이 그렇게 특색있지 않고, 여행안내책에서도 그다지 비중 있게 소개하는 성당이 아니라 건너뛰기 쉽다.

하지만 보로미니 건축에 관심이 있다면, 성당 뒤쪽에서 보이는 종탑과 돔을 한없이 바라보게 될 것이다. 이 성당은 처음부터 보로미니가 짓지 않았다. 보로미니는 1653년 성당 종탑과 돔 후진 미완성 부분을 의뢰받았는데, 완성하지 못하고 세상을 떠났다. 이후 1691년 그의 설계대로 마티아 데 로시*Mattia de Rossi*가 완성하였다. 베르니니가 살던 집 앞 성당이기도 했다.

성당에 있는 베르니니 천사상 둘은 산탄젤로 다리*Ponte Sant'Angelo*를 장식하려고 제작한 것이다. 산탄젤로 다리는 아드리아노 황제가 자신이 만든 영묘인 산탄젤로성과 로마 중심부를 연결하려고 지은 것이다.

다리 난간 천사상 장식은 교황 클레멘테 9세*Clemente IX*가 베르니니에게 명해 만든 것으로 총 10개 천사상 중 8개 천사상은 베르니니가 직접 선정한 8명의 예술가가 작업했으며, 가시 면류관을 든 천사상과 INRI*IESVS NAZARENVS REX IVDÆORVM*(유다인의 임금, 나자렛 사람 예수)라고 새겨진 두루마리를 든 천사상은 베르니니가 직접 만들었다. 천사상이 들고 있는 것은 그리스도*Kristos* 수난과 연관 있는 물건이다.

천사상은 베르니니 노년 작품으로 군더더기 없는 노장의 손길이 느껴진다. 교황 클레멘테 9세는 베르니니가 만든 천사상이 외부에 노출되어 손상되는 것이 염려되어 원본은 교황이 따로 보관하고 다리에 사본을 설치하도록 명하였다. 교황이 죽은 후 두 천사상은 베르니니 후손에게 전달되었으며, 이후 1729년 베르니니가 살던 집 앞 성당인 이곳에 기증하였다. 천사상은 중앙 제단 양쪽에 자리 잡고 있다.

만일 보로미니가 자신이 건축한 곳에 베르니니 작품이 놓인 것을 봤다면 어떻게 반응했을까? 서로 경쟁자로 인식했던 것이 분명한 만큼 '내 작품에 왜 네 작품이?'라고 생각했을 수도 있다. 그러나 굳이 나서는 성격이 아니었던 보로미니라 그러려니 넘어가지 않았을까?

베르니니는 사교적 성격으로 홍보와 마케팅에 능했지만, 보로미니는 자신의 세계에 갇힌 예술가 성향이었다. 그렇기에 건축 이외 부분에서 수완이 부족했던 보로미니는 베르니니에게 아이디어를 빼앗기기도 했다. 나보나 광장 중앙에 있는 이른바 4대강 분수, 바로 피우미 분수*Fontana dei Quattro Fiumi*가 그렇다.

보로미니는 교황 인노첸초 10세*Innocenzo X* 의뢰로 나보나 광장 수도관 공사를 주도하면서 광장 중앙에 분수를 설치하자는 아이디어를 냈다. 그런데 이를 안 베르니니가 재빨리 4개 강 조각상을 디자인해 교황에게 보여주었다. 결국 피우미 분수는 베르니니가 제작했다. 그 앞 산타녜세 인 아고네 성당*Chiesa di Sant'Agnese in Agone*은 보로미니가 건축했다.

그 시대를 살지 않았기에 두 사람 관계를 정확히 알 수 없지만, 역사가 이야기해 주는 것으로 볼 때 베르니니는 작품에 따르는 명성을 보로미니와 나눌 생각이 없었던 것 같다.

산 피에트로 대성당 건축을 담당했던 카를로 마데르노가 세상을 뜬 후 베르니니와 보로미니는 함께 발다키노를 제작했다. 베르니니가 발다키노 위에 예수상을 올리려 했으나 무게를 견디지 못할 것이라는 보로미니 의견에 따라 예수상 대신 십자가를 올렸다. 이처럼 보로미니가 건축에 중요한 기여를 했음에도 발다키노 제작자 이름엔 베르니니만 있다.

만일 베르니니가 좀 더 아량이 있어서 보로미니와 사이좋게 협력했다면 산 피에트로 대성당의 발다키노처럼 제2, 제3의 위대한 작품이 탄생하지 않았을까 하는 아쉬움이 남는다.

경쟁 관계가 좋은 자극제가 되는 건 분명하다. 여기에 유연함과 포용이 더해진다면, 새로운 시작과 또 다른 결과물을 만들어 내는 씨앗이 될 수도 있음을 베르니니와 보로미니를 통해 느낄 수 있다.

산탄드레아 델레 프라테 성당

베르니니의 섬세함과 위트를 만날 수 있는 곳

산타 마리아 델 포폴로 성당 *Basilica di Santa Maria del Popolo*은 포폴로 광장 한쪽에 있고 눈에 띄는 외관이 아니라 우리나라 관광객에게 유명하지 않지만, 바로크 시대 거장인 베르니니와 카라바조 *Michelangelo Merisi da Caravaggio*의 작품 그리고 라파엘로 천장화가 있어 꼭 한 번 들러 보아야 하는 곳이다.

성당 입구 왼쪽 두 번째 예배당인 키지*Chigi* 예배당에서 라파엘로의 모자이크*mosaic* [천지창조]와, 이탈리아 바로크 조각과 건축에 지대한 영향을 끼친 베르니니의 조각 [다니엘*Daniele*과 사자], [하박국*Habacuc*과 천사]를 만날 수 있다. 특히 베르니니의 두 조각상은 섬세함과 위트가 엿보인다. 구약성서 외경 「벨과 용」에 등장하는 선지자 다니엘과 하박국의 이야기를 조각하였다.

바빌론^{Babylon}을 함락한 메대^{Medes}의 다리우스^{Darius}왕은 다니엘을 세 총리 중 한 명으로 임명해 120명의 총독을 감독하게 했다. 다니엘이 탁월한 능력으로 왕의 총애를 받자, 다른 신하들이 이를 못마땅히 여겼다. 이내 다리우스에게 간청해 왕 이외 신이나 다른 누구에게도 기도하지 말아야 하며 이를 어기는 자는 사자 굴에 집어넣는다는 법을 만들도록 한다. 다리우스는 아무 생각 없이 법 제정에 서명하고, 다니엘은 평소처럼 하나님에게 기도한다. 이를 트집 잡아 신하들은 다니엘을 사자 굴 속에 밀어 넣는다. 그러자 천사들이 나타나 사자들의 입을 막아버린다. [다니엘과 사자]는 이 내용을 조각한 것이다.

맞은편 조각상 [하박국과 천사]는 이야기의 연장선에 있다.

다니엘이 사자 굴에 갇히자 천사가 하박국에게 나타나 다니엘에게 빵을 가져다주라고 명한다. 하지만 하박국은 다니엘이 누구인지, 그가 어디에 있는지 모른다고 대답한다. 천사는 하박국의 앞머리를 들어 올려 그를 다니엘이 있는 곳으로 데리고 간다.

조각상을 자세히 보면 천사가 손가락으로 하박국 앞머리를 잡고 있고, 다른 한 손은 맞은편 [다니엘과 사자] 조각상을 가리키고 있다.

천사를 하박국 옆에 배치하는 것으로 끝낼 수 있었을 텐데 베르니니는 조각상을 이용해 성서 내용을 최대한 나타내고자 했다. 미소를 머금고 하박국 머리카락을 들어 올리는 천사와 당황한 하박국 표정에서 은근한 위트가 느껴지고, 다니엘 조각상을 가리키는 모습에 섬세함이 드러난다. 이렇듯 조각상 배치를 통해 이야기를 공간에 녹여냈다.

중앙 제단 왼편 체라시*Cerasi* 예배당에는 이탈리아 초기 바로크 대표 화가인 카라바조의 [베드로의 십자가형]과 [바울*Paul, Paolo*의 회심] 그리고 안니발레 카라치*Annibale Carracci*의 [성모승천]이 있다. 빛의 효과와 명암대비를 이용해 그림 주제를 극적으로 나타내고자 했던 카라바조와, 동적인 표현과 풍성한 공간 구성으로 그림을 그렸던 안니발레 카라치, 동시대를 살았지만 스타일이 달랐던 두 화가의 화풍을 가까이에서 확인할 수 있다.

로마 성당은 작은 박물관 같다. 예상치 못한 곳에서 뜻밖의 작품을 만날 때가 종종 있다. 우연히 들렀다가 책에서 보았던 작품을 마주하게 되면 곳곳의 성당을 그냥 지나칠 수 없다. 아울러 여유롭게 예술 작품을 감상할 수 있기에, 박물관이나 미술관뿐 아니라 성당도 놓칠 수 없는 필수 방문 코스 중 하나다.

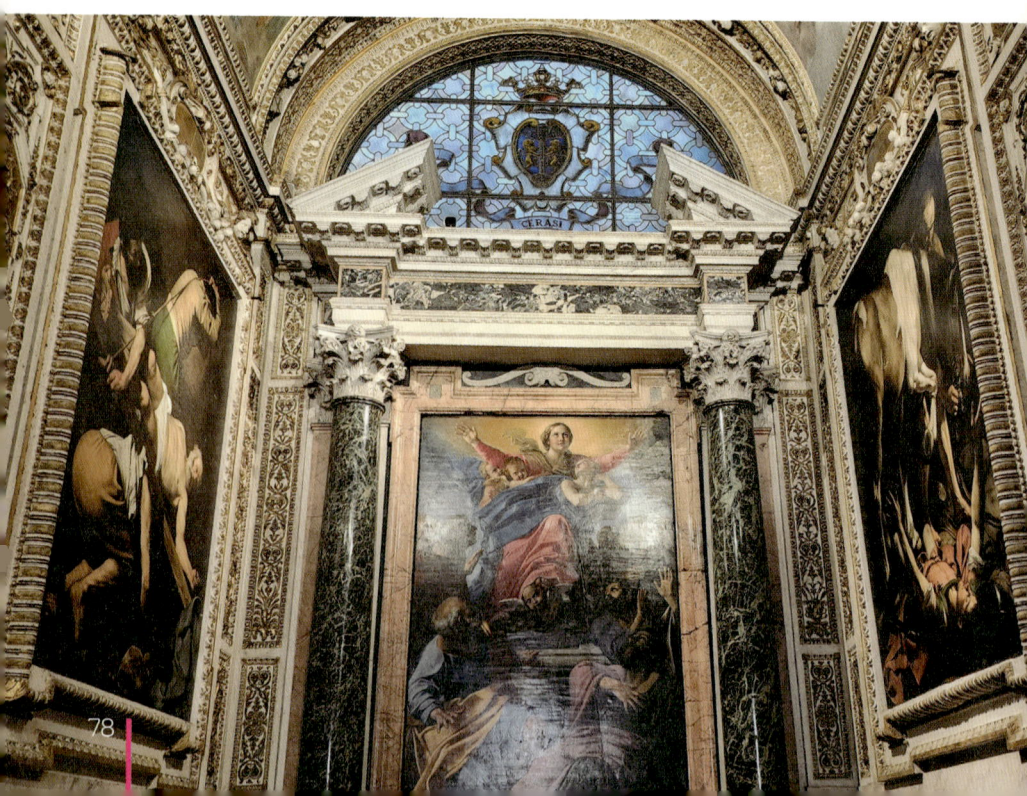

산타 마리아 델 포폴로 성당

베르니니와 보로미니를 함께 만날 수 있는 곳

상반된 스타일과 은근한 라이벌 의식을 지녔던 두 사람이 홀로 또는 함께 작업했던 작품을 한 공간에서 볼 수 있는 몇 곳을 소개하려 한다.

산 피에트로 대성당에 들어서면 제일 먼저 29m 높이 발다키노가 눈에 띈다. 바르베리니 가문 출신 교황 우르바노 8세*Urbano VIII*가 베르니니에게 명해 제작한 것이다.

산 피에트로 대성당 건축 책임자였던 카를로 마데르노가 죽자 우르바노 8세는 그 자리에 베르니니를 임명하였다. 마데르노 수석 조수였던 보로미니는 마데르노 사후 베르니니 1급 조수로서 발다키노를 완성하는데 건축적인 면에서 많은 기여를 하였다. 하지만 현재 산 피에트로 대성당 발다키노를 이야기할 때 보로미니 업적이 언급되지 않는 것처럼, 당시에도 베르니니는 발다키노 완성의 모든 공을 자신에게 돌렸다.

마데르노가 산 피에트로 대성당 이외 우르바노 8세 가문의 바르베리니 궁전 건축을 의뢰받았을 때도 그는 베르니니와 보로미니를 조수로 임명하였다.

바르베리니 궁전에 들어가면 양쪽 끝에 베르니니와 보로미니가 따로 디자인한 계단이 있다. 하늘을 향해 올라가는 느낌의 타원형 계단이 보로미니가 제작한 계단이며, 웅장한 느낌을 주지만 다소 특색 없어 보이는 사각형 계단이 베르니니가 만든 계단이다.

같은 대상을 드러내는 베르니니와 보로미니 표현 차이가 궁금하다면, 바르베리니 궁전 계단이 보여줄 것이다.

유명 관광지인 나보나 광장에서도 베르니니와 보로미니의 작품을 만날 수 있다. 나보나 광장에 들어서면 제일 먼저 눈에 띄는 중앙 4대강 분수가 베르니니 작품이다.

교황 우르바노 8세의 신임을 받았던 베르니니는 교황 서거 이후 잠시 잊히는 존재가 되었다. 후임 교황 인노첸초 10세는 베르니니보다 보로미니에게 더 많은 기회를 주었다. 팜필리 가문 출신 인노첸초 10세는 팜필리 가문 궁전이 있는 나보나 광장을 개선하고 싶어해, 보로미니에게 광장 정비와 분수물 공급 수도관 작업을 맡겼다. 일을 진행하던 보로미니는 인노첸초 10세에게 중앙 분수를 4대강으로 형상화하자는 아이디어를 냈는데, 베르니니 디자인이 채택되는 일이 일어난다. 이를 계기로 베르니니는 재기 기회를 잡는다.

나보나 광장 팜필리 궁전은 현재 브라질*Brazil* 대사관이 사용 중이다.

팜필리 궁전 옆 성 아그네제 인 아고네 성당은 보로미니 작품이다. 성녀 아그네스가 순교했던 자리에 세운 작고 오래된 성당을 인노첸초 10세가 가문 예배당으로 재건축하였다.
처음부터 보로미니가 일을 맡지는 않았다. 다른 건축가가 짓고 있던 성당을 보로미니가 이어받아 마무리한 것이다. 굴곡이 들어간 성당 전면부는 그리 크지 않은 성당임에도 역동적인 웅장함을 느끼게 한다.

나보나 광장에 분수만 있거나 궁전과 성당, 건물만 있다면 어떨까 생각한 적이 있다. 만일 이들 중 하나라도 없다면 지금의 나보나 광장이 지니고 있는 극적 느낌 또한 없지 않을까? 시너지 *synergy* 효과를 의도한 것은 아니겠지만, 두 대가 작품이 하나가 되어 우리에게 큰 감동을 주는 것은 명백하다.

그렇다면 로마 건축에 지대한 영향을 주었던 두 대가는 지금 어디 있을까?

일과 삶 모두 성공적이었던 잔 로렌초 베르니니는 산타 마리아 마조레 대성당*Basilica di Santa Maria Maggiore*에 묻혔으며, 능력만큼 인정받지 못했던 프란체스코 보로미니는 앞서 소개한 산 조반니 데이 피오렌티니 성당에 잠들어 있다.

산 피에트로 대성당

바르베리니 궁전

나보나 광장

산타 마리아 마조레 대성당

산 조반니 데이 피오렌티니 성당

예술이 흐르는 로마

로마에는 전시가 끊이지 않아 이처럼 예술 향유욕 강한 도시가 또 있을까 싶을 정도다. 인기 전시는 대기 줄이 길어 1시간 이상 서 있어야 할 때도 있다. 관람하는 연령대도 다양해 로마 시민 모두 예술인같이 느껴진다.

로마는 눈에 보이는 것보다 많은 예술품을 곳곳에 품고 있다. 역사 도시가 아닌 예술 도시 로마를 찾아 발걸음을 옮겨 보자.

오롯이 즐길 수 있는 작은 미술관, 성당

로마 매력을 배가시키는 요소 하나가 시내에 산재한 성당이다. 지나다 불쑥 들어갈 수 있고 종교와 상관없이 방문하는 이에게 쉼을 주는 공간이면서, 보유한 작품을 그대로 공개하는 미술관이기도 하다.

로마 성당의 진가를 모르는 이가 의외로 많다. '뭐 별거 있겠어?'라는 생각으로 성당을 지나쳤다면 반쪽짜리 여행을 했다고 단언할 수 있다. 건물 자체가 건축학적 작품이기도 하지만, 성당 안을 채우고 있는 작품 하나하나가 미술관에 있어야 할 것이 많기 때문이다. 미켈란젤로, 라파엘로, 베르니니, 카라바조 등 당대 명성을 떨치던 이탈리아 예술가의 진품이 천장과 벽, 내부를 장식하고 있다.

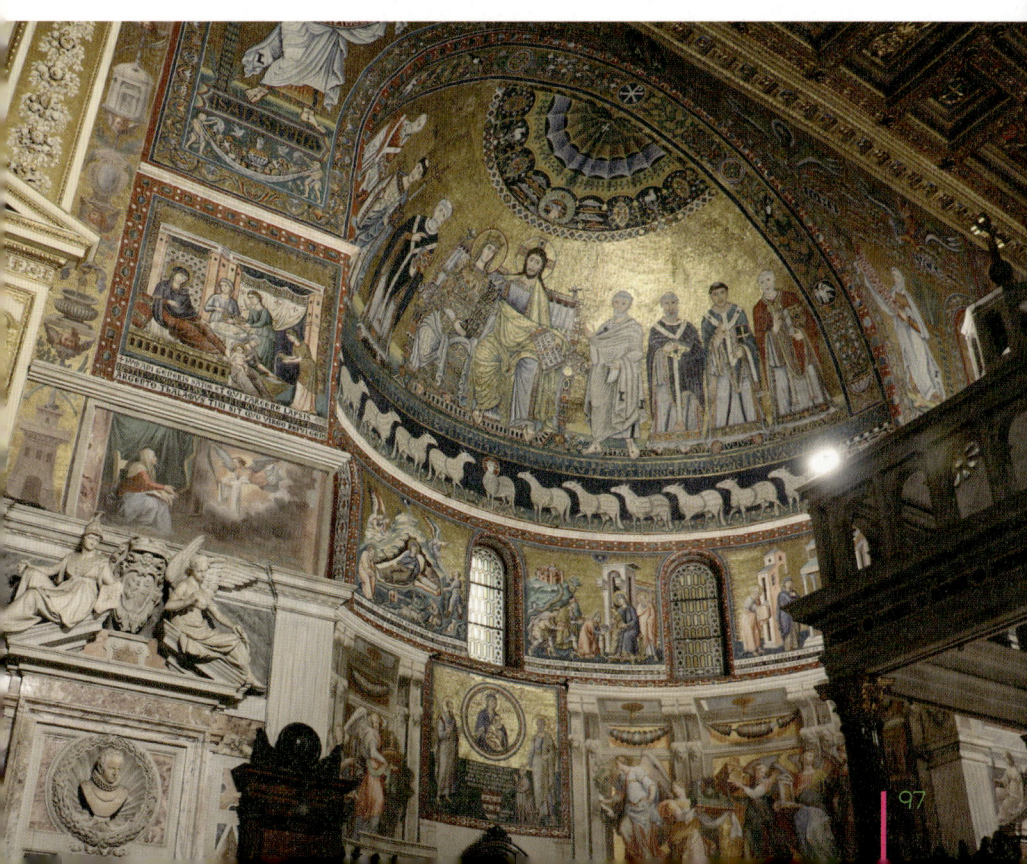

또한 성당은 묘지 역할도 해 유명 인사 무덤이 있기도 하다. 로마 대표 랜드마크*landmark*인 판테온*Pantheon*을 모르는 여행객은 없다. 그러나 판테온이 산타 마리아 아드 마르티레스 성당*Basilica di Santa Maria ad Martyres*이기도 하다는 사실을 아는 이는 드물다. 아울러 예술가 라파엘로가 잠들어 있는 곳이기도 하다.

로마 성당의 진가를 발견한 계기가 있었다. 로마에 있다는 것만으로 너무 신이 나 공부도 하지 않고 마구 돌아다닐 때였다. 우연히 들어간 성당 한쪽에서 미켈란젤로의 [모세Mosè상]을 마주쳤다. 그곳은 산 피에트로 인 빈콜리 성당Basilica di San Pietro in Vincoli이었다.

처음에는 '설마 책에서 봤던 그 모세상 맞아?'라고 의심했다. 갑작스럽고 뜻밖이었다. 미술관에 있을 거로 생각했던 거장의 작품을 성당에서 만날 줄은 상상도 못 했기 때문이다. 그때 느꼈던 전율이 로마 성당을 하나하나 찾아다니게 하였다.

성당을 방문할 때마다 어떤 보물이 숨어 있을지 내심 기대하게 된다.

널리 알려진 곳은 아니나 시간을 내 방문할 만한 성당을 소개하려 한다.

로마 성당은 외관보다 내부 장식에 특색 있는 경우가 많다. 흔히 볼 수 있고 소박한 외관으로 눈길을 끌지 않는 성당도 꽤 되기에, 들어가지 않으면 그 성당이 지닌 매력을 느낄 수 없다. 솔직히 이 또한 로마 본연의 모습과 닮아 있는 것 같아 좋다.

천장화가 인상적인 성당 두 곳이 있다. 시내 여행지를 오가는 길에 들러볼 만한 곳이다.

예수 성당*Chiesa del Gesù*(왼쪽 페이지)과 산티냐치오 디 로욜라 성당 *Chiesa di Sant'Ignazio di Loyola*이다. 천장이 아름다운 예수회*Societas Iesu* 소속 성당이다.

예수 성당은 조반니 바티스타 가울리*Giovanni Battista Gaulli*가 그린 천장화 [예수 이름의 승리]가 인상적이다. 예수회 상징이자 고대 그리스*Greece*어로 "예수"를 뜻하는 IHS*Iesus Hominum Salvator*(인류의 구세주 예수) 모노그램*monogram*이 빛을 발하고 그 빛이 주변으로 퍼져 나가 영향을 미치는 것 같다. 원근법과 트롱프뢰유*trompe-l'œil*(착시) 기법을 효과적으로 사용해 마치 천국이 열린 듯한 느낌마저 든다.

산티냐치오 디 로욜라 성당 천장화는 예수회 소속 화가 안드레아 포초*Andrea Pozzo*가 그렸다. 실제 성당 천장보다 더 높아 보이도록 원근법과 트롱프뢰유 기법을 썼다. 아시아*Asia*, 아프리카*Africa*, 아메리카*America*, 유럽의 4개 대륙을 여성으로 의인화했으며, 중심에 십자가 안은 예수가 성 이냐치오를 맞이하는 모습이 그려져 있다.

포초의 의도를 느끼며 천장화를 감상하고 싶다면, 성당 바닥에 노란색 원형 대리석으로 표시한 곳이 최상 위치다. 아울러 눈여겨볼 또 하나는 실제가 아닌 그림으로 그린 돔이다. 이 역시 안드레아 포초의 트롱프뢰유 기법이 돋보인다.

예수 성당과 산티냐치오 디 로욜라 성당 방문 후 여유가 있다면 한 번쯤 방문을 권하고 싶은 공간이 더 있다. 예수회 창시자인 성 이냐치오와 초기 총장 4명이 거주했던 곳이다. 예수 성당 바로 옆 건물인 카메레테 디 산티냐치오 디 로욜라*Camerette di Sant'Ignazio di Loyola*다. 이곳은 성 이냐치오가 선종할 때까지 12년 동안 머물렀던 공간으로 유품과 가구, 조각상 등이 있다.

이냐치오는 스페인 귀족 가문 출신 기사*knight*로 프랑스 전투에 참전했다가 부상을 당했는데, 요양 중 종교 서적을 읽고 감화받아 기사의 삶을 내려놓는다. 그리고 성직자 길로 들어선다. 이냐치오는 1534년 파리*Paris*에서 동료 몇 명과 청빈, 순결, 순종 3가지 서약을 중심으로 하는 예수회를 설립하고 가톨릭 교육과 개혁, 선교 활동에 힘을 쏟았다.

카메레테 디 산티냐치오 디 로욜라를 더욱 인상 깊게 만드는 것은 성 이냐치오 선종 100년 후 포초가 작업한 복도 장식이다. 이냐치오가 머물던 방으로 올라가기 전 마주치는 좁은 복도를 화려하게 꾸며 업적을 기리고 있다.

성당을 즐기는 나만의 방법을 소개해 볼까 한다.

성당에 들어서면 제일 먼저 내부를 채우고 있는 공기와 분위기를 느끼며 성당 모습을 눈에 담는다. 그리고 의자에 앉아 천장과 제단을 가만히 바라본다. 천장과 제단은 성당마다 특색이 있어 보는 재미가 있다.

성당 분위기를 온전히 느끼고 난 후, 내부를 천천히 거닐며 예배당과 작품을 감상한다. 유명 작품 앞에는 항상 불을 밝힐 수 있는 동전함이 있으니, 그 작품은 꼭 보아야 한다.

이렇게 성당을 즐기다 보면 딱히 무언가를 하지 않아도 몸과 마음이 휴식을 취한 듯 재충전됨을 느낀다.

판테온

산 피에트로 인 빈콜리 성당

예수 성당

산티냐치오 디 로욜라 성당

카메레테 디 산티냐치오 디 로욜라

로마 거리는 야외 미술관, 그라피티

거리를 걷다 보면 그라피티 graffiti를 많이 볼 수 있다. 젊은이의 자유분방함을 보는 것 같기도 하고, 도시 자체가 유적이다 보니 여느 도시처럼 변화할 수 없는 한정성에 반기를 든 것처럼 보이기도 한다. '혹시 뱅크시 Banksy 작품 아냐?'하며 지나칠 때도 있다. 그라피티는 도시를 지저분하게 만들기도 하지만, 때로 도시를 새롭게 보이도록 한다. 공장 지대나 도심 외곽에서 지역 재건 일환으로 활용되며 발전한, 로마의 그라피티는 개성을 한껏 발산하며 도시를 야외 미술관으로 변모시키기도 한다.

외부에 그리는 특성상 환경 변화로 사라지는 경우가 종종 있다. 그러나 영원성을 지니지 못한 운명이 오히려 그라피티를 더 특별하게 만드는 건 아닐까?

여행자에게 그리 알려진 지역은 아니나, 오스티엔세 Ostiense와 피네토 Pigneto에 가면 로마 개성이 어린 그라피티를 만날 수 있다.

오스티엔세는 이탈리*Eataly*와 성 밖 바오로 대성전*Basilica di San Paolo Fuori le Mura*을 방문할 때 들렀던 적이 있어 낯설지 않음에도 그라피티를 찾아 골목으로 들어가니 도로에서 만났던 풍경과는 사뭇 다른 느낌이 들었다.

과거 공업지대였던 흔적이 건물에 남아 있는데, 대부분 갤러리나 레스토랑 같은 상업 공간으로 탈바꿈했다.

대표적 건물이 1912년 지은 발전소 첸트랄레 몬테마르티니 Centrale Montemartini다. 1997년 박물관으로 개조해 카피톨리니 박물관Musei Capitolini 컬렉션에 속한 고대 로마 조각품, 모자이크, 고고학 유물을 전시하고 있다. 발전소 때 사용하던 공간을 그대로 유지하고 있어 터빈, 발전기, 기계 장비 같은 산업 시설이 전시장 일부에 자리하고 있다.

오스티엔세에는 과거와 현재 건축이 공존한다. 20세기부터 현대 건축물까지 다양한 로마 건축 양식을 한자리에서 만날 수 있다.

피네토는 노동 계급 거주지였다. 20세기 중반까지 크게 발전하지 않았으나 이후 예술가와 젊은 창작자가 모이면서 활기를 띠기 시작했다.

피네토는 로마 힙스터*hipster* 문화 중심지로 독립 서점, 아트 갤러리, 빈티지 숍, 수제 맥주 바, 비건 카페 등이 밀집해 있다. 로마 밤 문화 명소 중 한 곳이라 낮에 방문하면 숍 대부분이 닫혀있다.

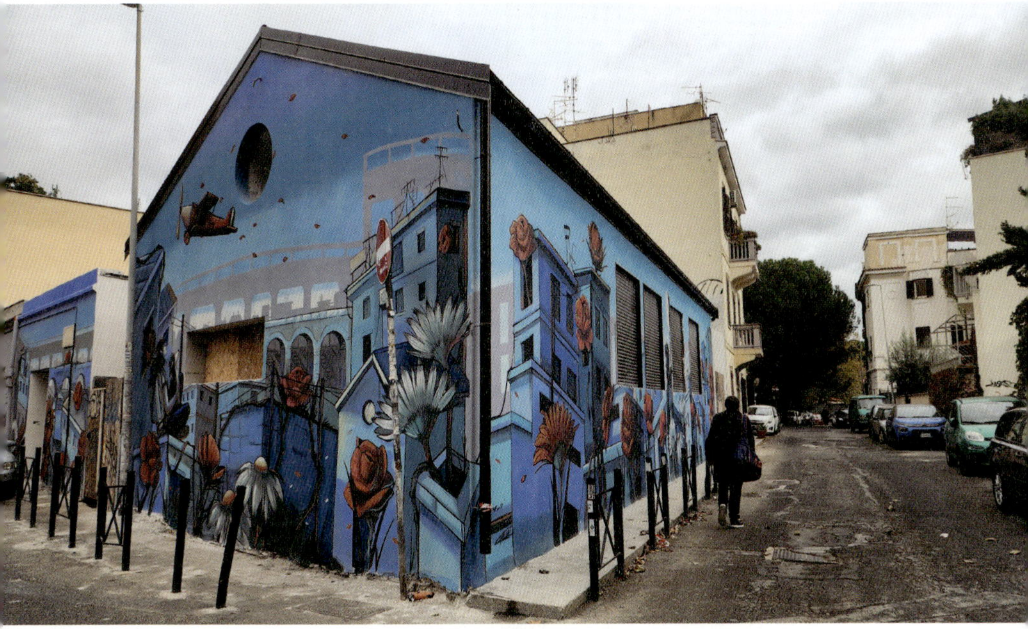

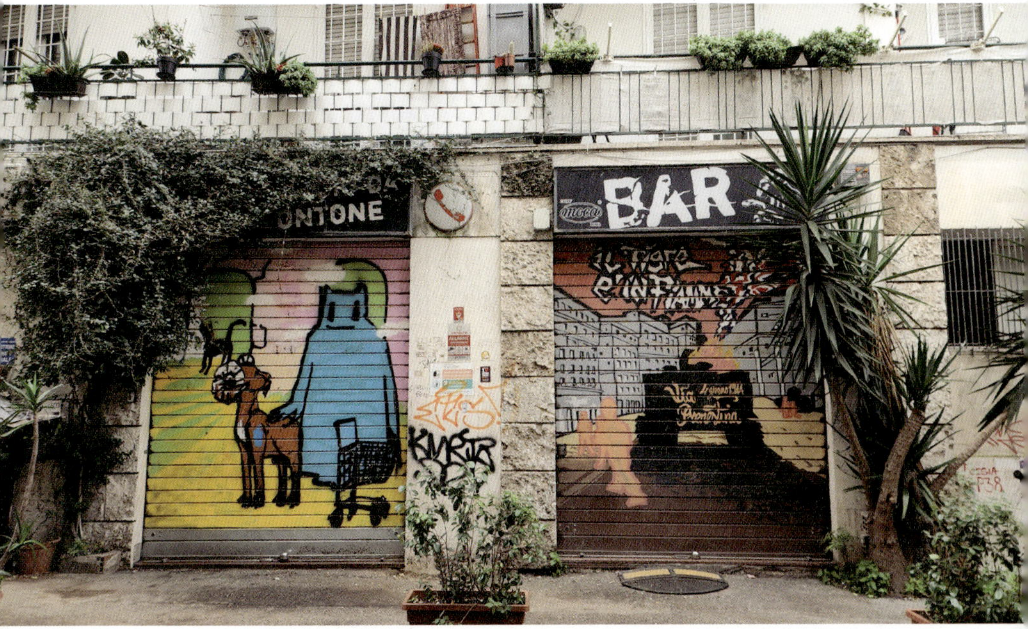
BAR

테스타치오 지역*Rione Testacio* 비아 갈바니*Via Galvani* 22번지에 가면 한쪽 벽면 가득 늑대 그림이 있는 건물을 만날 수 있다. 굉장히 인상적인 이 벽화는 벨기에*België* 겐트*Gent* 출신 화가 로아*Roa* 작품이다.

그는 새나 설치류 등 동물을 즐겨 그리는데, 그 지역 대표 동물을 그리는 것으로 유명하다. 왜 늑대가 로마를 대표하는 동물일까? 이유는 로마 건국 신화에서 찾을 수 있다. 로마를 세운 로물루스*Romulus*가 동생 레무스*Remus*와 함께 팔라티노*Palatino* 언덕에서 늑대 젖을 먹고 자랐다는 이야기 때문이다. 그래서 로마를 돌아다니다 보면 늑대 젖을 먹고 있는 두 아이 그림이나 동상을 종종 만나게 된다.

오스티엔세

첸트랄레 몬테마르티니

피네토

비아 갈바니 22

역사와 예술의 만남, 아드리아노 신전 조명 쇼

로마를 특별하게 만드는 것 중 하나가 과거와 현재를 접목하려는 노력이다. 지난 역사를 그대로 잠재워 두지 않고 현재와 컬래버 *collaboration* 해 하나의 예술로 승화시킨다. 현대 예술가 작품을 고대 유적지나 성당에서 전시하는 것도 그러한 움직임의 일환이라 할 수 있다. 지난 시간을 배경으로 근현대 작품이 이질감 없이 함께하는 모습은 일상에서 쉽게 접할 수 없는 귀한 경험이다.

판테온 근처 피에트라 광장 *Piazza di Pietra* 에서 11개 대리석 기둥이 서 있는 건물을 만날 수 있다. 아드리아노(하드리아누스) 황제를 기리는 아드리아노 신전 *Il Tempio di Adriano* 이다.

136년 아드리아노는 왕비 비비아 사비나*Vibia Sabina*가 세상을 떠나자, 그녀를 기리는 신전을 짓도록 명하였다. 신전 완공 전 아드리아노 황제도 세상을 떠났고 이에 아들이자 후계자인 안토니노 피오*Antonino Pio*가 145년 완공해 아드리아노 황제에게 바쳤다.

오랜 세월을 거치며 폐허가 되었지만 1695년 카를로 폰타나*Carlo Fontana*가 궁전 일부로 통합하였다. 그래서 신전 일부에 새 건물을 지은 것처럼 보인다. 유적 복원 개념이 없던 시대였기에 가능한 일이었을 것이다. 이 건물은 1831년 로마 증권 거래소 본부였고 1873년 상공회의소가 사들였다.

해가 지면 광장에 웅장한 음악이 울려 퍼지고, 신전 기둥과 벽면을 스크린 삼아 12분 동안 신전 역사가 조명 쇼로 펼쳐진다. 아드리아노 황제 일대기와 업적 그리고 신전 건설 과정과 완공 모습이 투영된다.

긴 듯 짧은 시간 동안 신전이 겪은 세월을 일목요연하게 정리해 주기에 오래된 돌기둥처럼 보였던 신전이 새삼스럽게 느껴진다. 지나칠 수 있는 소소한 조명 쇼지만 이러한 것들이 로마에 숨어 있는 이야기를 전달해, 낯선 로마가 조금 더 친근하게 다가오고 더욱 알고 싶은 곳으로 만들어 주는 게 아닐까.

로마는 관심을 두고 알려 하는 이에게 자신의 참모습을 보여 주는 도시다. 처음 만난 로마가 실망스럽다면 로마 관련 책을 한 번 읽어보고 다시 찾기를 바란다. 로마는 드러나 있는 모습이 전부가 아니다. 또한, 자신의 매력을 쉽게 보여 주는 도시도 아니다. 그러나 로마의 매력에 빠진다면, 헤어 나오기 힘든 도시임을 자신 있게 말할 수 있다.

아드리아노 신전

로마를 그린 음악, 레스피기 <로마 3부작>

로마를 주제로 한 클래식 음악 classical music이 있다. 이탈리아 작곡가 오토리노 레스피기 Ottorino Respighi가 쓴 3개의 교향시 〈로마의 분수 Le fontane di Roma, 1916〉, 〈로마의 소나무 I pini di Roma, 1924〉, 〈로마의 축제 Feste romane, 1928〉다. 이 세 작품을 흔히 '로마 3부작 Trilogia romana'이라 하는데, 로마를 그린 음악 중 첫 손에 꼽힌다.

레스피기는 1879년 볼로냐에서 태어나 아버지로부터 음악을 배운 후 러시아 Russia, 독일 Deutschland에서 공부하였다. 1924년 내로라하는 음악가 산실 로마 산타 체칠리아 음악원 Conservatorio di Musica S. Cecilia di Roma 교장으로 취임하였으며, 이해에 〈로마의 소나무〉를 초연하였다.

레스피기는 사실 로마 시민이 아니었다. 고향 볼로냐에서 자랐다. 하지만 30대 중반 넘어 로마에 거주한 후 로마를 떠나지 않았다. 로마를 사랑하는 사람으로서 그 심정 충분히 이해가 간다. '로마 3부작'은 그가 로마를 떠날 수 없었던 애정을 보여 준다.

〈로마의 분수〉는 새벽부터 저녁까지 하루 동안의 로마를 분수에 빗대어 표현한 곡이다.

제1곡 〈새벽의 줄리아 골짜기 분수 *fontana di Valle Giulia all'alba*〉는 안개 낀 새벽 거리로 양 떼가 사라지는 풍경을 묘사하고 있으며, 제2곡 〈아침의 트리토네 분수 *La fontana del Tritone al mattino*〉는 바르베리니 광장 중앙 트리토네 분수를 그리고 있다. 포세이돈*Poseidone* 아들이자 바다 신 트리톤이 뿔각을 불고 있는 분수로, 베르니니 작품이다. 트리톤과 물의 정령이 물보라 속에서 춤추는 장면을 묘사하고 있다. 제3곡은 〈한낮의 트레비 분수 *La fontana di Trevi al meriggio*〉다. 바다 신 넵투누스*Nettuno*(그리스 신화의 포세이돈)가 탄 조개 마차와 말을 끄는 트리톤의 모습이 웅장하게 펼쳐진다. 제4곡은 〈해 질 녘의 메디치 빌라 분수 *La fontana di Villa Medici al tramonto*〉다. 종소리와 새소리, 어둠이 깔리는 하늘, 보르게제 공원의 메디치 빌라 정원에서 느끼는 저녁 풍경을 묘사하며 모든 것이 밤의 정적 속으로 잦아드는 장면을 그리고 있다.

〈로마의 소나무〉는 현재에 바탕을 두고 과거를 돌아봐, 고대 로마에 대한 영광과 향수를 불러일으킨다.

제1곡 〈보르게제 공원의 소나무 *I pini di Villa Borghese*〉는 로마 시민의 안식처 보르게제 공원에서 뛰노는 아이들을 그리고 있으며, 제2곡 〈카타콤베 근처 소나무 *Pini presso una catacomba*〉는 박해를 피해 지하에서 행하였던 집회와 종교의식을 표현하고 있다. 제3곡 〈자니콜로의 소나무 *I pini del Gianicolo*〉는 트라스테베레*Trastevere* 지역 자니콜로 언덕*Passeggiata del Gianicolo*에서 보름달 아래 나이팅게일*nightingale*이 지저귀는 밤 정경을 묘사하고 있다. 제4곡은 〈아피아 가도의 소나무 *I pini della Via Appia*〉다. 아피아 가도는 최초 포장도로이자 고속도로로, 로마 제국의 힘을 나타냈던 도로다. 그 위를 행진하는 로마군 위용을 드러내고 있다.

〈로마의 축제〉는 '로마 3부작'의 다른 두 곡이 건축물이나 자연을 담았던 것과 달리 시대를 살아간 로마인 모습을 그리고 있다. 제1곡 〈치르첸세스*Circenses*〉는 콜로세움*Colosseum, Colosseo*에서 맹수를 풀어 기독교인을 처단한 일이 묘사된다. 제2곡 〈축제*Il GiubiLeone*〉는 로마로 들어온 순례자의 기도와 노랫소리, 감격스러운 환호와 종소리를 표현한다. 희년을 기념하는 축제의 장을 나타내고 있다. 제3곡 〈10월제*L'Ottobrata*〉는 풍성한 수확의 가을 축제를 그렸다. 사냥 피리, 마구가 부딪치는 소리 등 목가적인 분위기 속에 계절이 주는 풍요를 묘사하고 있다. 제4곡 〈주현절*La Befana*〉은 예수 출현을 축하하는 1월 6일의 떠들썩하고 성대한 나보나 광장 축제를 그리고 있다.

레스피기는 음악으로 풍경을 묘사하는데 탁월하였다. 음악 풍경화를 그린 작곡가라 할 수 있다. 그가 작곡한 '로마 3부작'을 들으며 각 곡의 소재가 되었던 곳을 둘러보는 것은 어떨까? 색다른 경험이 될 것이다.

바르베리니 광장

보르게제 공원

콜로세움

빛의 예술가 카라바조를 찾아서

이탈리아 미술을 이야기할 때 알아야 할 두 명의 미켈란젤로가 있다. 르네상스 미술을 평정했던 미켈란젤로 디 로도비코 부오나로티 시모니*Michelangelo di Lodovico Buonarroti Simoni*와 테네브리즘*Tenebrism*을 발전, 확립해 초기 바로크 미술을 연 미켈란젤로 메리시 다 카바라조*Michelangelo Merisi da Caravaggio*다.

미켈란젤로 부오나로티는 르네상스 시대 대표적 예술가로 조각, 회화, 건축 등 여러 분야에 큰 획을 그었으며 우리가 익히 알고 있는 그 미켈란젤로다.

카라바조란 이름으로 유명한 미켈란젤로 메리시 다 카바라조는 르네상스 후기 매너리즘*manierismo*이 성행하던 시기 예술가다. 명암법을 독특한 스타일로 발전시켜 테네브리즘 기법을 확립했으며, 성서 내용을 그릴 때 자신이 살던 시대상을 반영해 선풍적 반향을 일으켰다. 카라바조는 그만의 획기적 화풍으로 당대 큰 인기를 누리던 화가였으나, 천재성과 바로크 미술에 미친 영향력에 비해 상대적으로 덜 알려진 듯하던 때도 있었다. 아마 생전 행적 때문이 아니었을까 한다. 난폭하고 폭력적인 성격 탓에 소송에 휘말리거나 투옥되는 일이 잦았으며 결국 살인을 저질러 나폴리*Napoli*와 몰타, 시칠리아*Sicilia*로 도망가는 신세가 되기도 하였다.

카라바조는 사면을 위해 로마로 돌아가던 길, 작은 항구인 포르토 에르콜레*Porto Ercole*에서 열병으로 세상을 떠나고 말았다. 39세라는 젊은 나이에 세상을 등진 카라바조는 이탈리아 바로크 미술을 열었으며 루벤스*Peter Paul Rubens*, 렘브란트*Rembrandt Harmenszoon van Rijn*, 벨라스케스*Diego Velázquez* 등 많은 화가에게 영향을 주었다.

로마는 카라바조 생전 주요 활동 무대였기에 그의 작품을 만날 수 있는 곳이 의외로 많다. 미술관을 비롯, 로마 시내 성당에서 어렵지 않게 볼 수 있다.

카라바조 작품을 만나려고 제일 먼저 방문해야 하는 곳으로 산 루이지 데이 프란체시 성당*Chiesa di San Luigi dei Francesi*을 들고 싶다. 성당 내 콘타렐리 예배당*Cappella Contarelli*에는 '성 마태오*Mattèo* 연작'이 전시되어 있다.

[성 마태오의 소명]과 [성 마태오의 순교]는 같은 시기 작품이고, [성 마태오와 천사]는 두 그림이 전시된 후 그렸다.

[성 마태오의 소명]과 [성 마태오의 순교]는 카라바조에게 특별한 의미가 있다. 로마 주요 성당에서 처음 대형 제단화를 주문받아 그린 것이기에 공식 데뷔와 같았다. 이전까지 대형 제단화를 그려보지 못했던 카라바조에게 큰 도전이었다.

카라바조는 빛과 어둠을 최대한 활용해 그림을 그렸다. 특히 그림 속 한 줄기 빛은 무대의 핀 조명처럼 주인공에게 시선을 집중시킬 뿐 아니라, 관람자를 그림 속 상황 참여자로 만드는 효과를 준다.

콘타넬리 예배당 중앙 창문을 통해 들어오는 빛이 예배당 좌우에 걸린 그림 속 빛과 하나가 되어, 작품이 무대에서 펼쳐지는 연극처럼 보이게 한다. 창문으로 들어오는 자연광과 그림 속 빛 방향이 일치하는 순간, 카라바조 의도가 다가와 짜릿함을 준다.

[성 마태오와 천사] 첫 번째 버전은 카라바조에게 작품 인수 거부라는 시련을 안겨주었다. 카라바조는 인물을 그릴 때 일상에서 흔히 만나는 저잣거리 사람을 모델로 삼았고, 그 모습을 사실적으로 묘사하였다. 종교화 특성상 성인은 성스럽고 고상하게 그리는 것이 관례였는데, 카라바조가 그린 마태오는 남루하고 비천한 모습으로 표현되어 있어 인수 거부라는 사태가 벌어진 것이다.

현재 콘타넬리 예배당 중앙에 걸려 있는 [성 마태오와 천사]는 카라바조가 주문자 요청에 따라 다시 그린 것이다. 첫 번째 그림은 후원자였던 빈첸초 주스티니아니 *Vincenzo Giustiniani* 후작이 샀으나, 제2차 세계 대전 때 유실되어 흑백 사진만 남아 있다.

보르게제 미술관*Museo e Galleria Borghese*은 [과일 바구니를 든 소년], [병든 바쿠스*Bacchus*], [골리앗*Goliath* 머리를 든 다비드*David*] 등 카라바조 대표 작품을 만날 수 있는 곳이다. 교황 바오로 5세*Paolo V* 조카인 시피오네 보르게제*Scipione Borghese* 추기경이 수집한 컬렉션이 모체가 되었다. 보르게제 추기경은 카라바조 후원자 중 한 명이었다. 카라바조가 로마에서 살인을 저지르고 도망간 후 다시 돌아올 수 있도록 교황 사면을 추진했던 인물이다.

카라바조가 나폴리에서 자신의 사면을 보르게제 추기경에게 간청하며 보낸 그림이 [골리앗 머리를 든 다비드]다. 다비드가 들고 있는 골리앗 머리에 자화상을 그려 참회하고 있음을 나타내고자 했으며, 다비드가 들고 있는 칼에 "겸손은 교만을 이긴다"는 뜻의 라틴어 H-AS OS *Humilitas Occidit Superbiam*를 적어 지난날 교만했던 자신을 반성하는 의미를 담았다.

미술 평론가 중에는 다비드 얼굴이 젊은 날 카라바조 초상이라며 '이중 초상설'을 제기하는 이도 있다.

누구도 무찌를 엄두를 못 냈던 골리앗을 쓰러뜨렸음에도 다비드 얼굴에 승리의 기쁨 대신 어두운 그림자가 드리워져 있는 걸 보면 일견 타당한 분석처럼 보인다. 젊은 카라바조가 참담한 현재 모습을 안타깝게 바라보고 있는 듯하다.

[과일 바구니를 든 소년]과 [병든 바쿠스]는 카라바조 초기 작품이다. [과일 바구니를 든 소년]에서 보이는 명암 대비, 어두운 색조의 자연스러운 표현, 배경을 단순화해 주제를 강조하는 구도는, 롬바르디아 *Lombardia* 자연주의 미술 양식 영향을 받은 것으로 보인다. 테네브리즘 초기 작품에 해당하며, 모델은 6살 연하 친구 마리오 민니티 *Mario Minniti* 다.

[병든 바쿠스]는 병세가 완연한 자화상이다. 당시는 밀라노_Milano_ 에서 로마로 이주한 후 무명 화가로 지내며 생활 형편이 여의치 않았고, 그 와중에 병까지 걸려 처참한 상황이었다. 병든 자신을 승리의 월계관을 쓴 바쿠스 신으로 묘사해 어려운 처지를 타개해 보겠다는 의지를 반영했다고 할 수 있다.

보르게제 미술관이 전시하고 있는 카라바조의 또 다른 작품은 [성 세례 요한], [성 지롤라모*Girolamo*], [성모*Santa Maria*와 성 안나 *Anna*]다.

카라바조는 같은 주제를 여러 버전으로 그리곤 했다. [성 세례 요한]도 다른 그림이 여러 개 있다. 보르게제 미술관 소장 작품은 카라바조가 생애 후반 나폴리에서 그린 것으로, 살인죄를 사면받으려고 로마로 돌아갈 때 후원자였던 시피오네 보르게제 추기경 선물로 준비했던 3편의 그림 중 하나다.

1610년부터 1611년까지 데오다토 젠틸레*Deodato Gentile* 교황 사절과 보르게제 추기경 사이 교환된 미공개 서신에 따르면, 그 그림은 두 점의 [세례 요한]과 [마리아 막달레나*Maria Maddalena*]로 추정된다.

로마로 돌아가는 길에 다른 범죄자로 오인되어 체포, 구금당하는 바람에 타고 왔던 배를 놓쳤는데, 배에 있던 그림도 잃어버렸다. 그림을 찾으려고 걸어서 포르토 에르콜레까지 간 카라바조는 그곳에서 그림은 찾지 못하고 돌아올 수 없는 곳으로 영영 떠나버리고 말았다. 그림은 다시 나폴리로 돌아왔으며, [성 세례 요한]은 결국 보르게제 추기경 손에 들어갔다.

[성 지롤라모]는 성 히에로니무스 *Hieronymus* 또는 성 제롬 *Jerome* 으로 알려진 성인이다. 히브리어와 그리스어로 쓰인 성서를 라틴어로 번역하였다.

지롤라모를 그린 그림도 두 가지 버전이 존재하는데, 보르게제 그림은 첫 번째 작품이고, 두 번째 작품은 로마에서 살인을 저지른 후 도피한 몰타에서 그렸다.

[성모와 성 안나]는 산 피에트로 대성당에 잠시 걸렸다가 내려지는 수모를 겪었다. 작품 속 성인이 낮은 신분으로 표현되어 있고, 예수 또한 나체로 그렸다는 이유였다. 당시 보르게제 추기경이 그림을 샀다.

카라바조 특징 중 하나인 사실적 묘사가 누군가에게는 불편 요소였지만, 진가를 아는 이에게는 카라바조 칭송 요소가 되었다.

[성 마태오의 소명]과 [성 마태오의 순교] 이후 카라바조에게 대형 제단화 의뢰가 또 들어왔다. 교황 클레멘테 8세 *Clemente VIII* 재무장관이었던 티베리오 체라시 *Tiberio Cerasi* 가 산타 마리아 델 포폴로 성당 내 자신의 이름을 딴 예배당에 걸 제단화를 주문한 것이다. 체라시는 당대 최고 화가의 그림을 원했다. 그래서 볼로냐 학파인 안니발레 카라치와 카바라조에게 의뢰하였다. 카라치는 성모승천을, 카라바조는 가톨릭 양대 산맥인 베드로와 바울의 이야기를 택했다. 베드로와 바울은 6월 29일 같은 날 순교하였다. 가톨릭은 이날을 성 베드로와 성 바울 대축일로 기념하고 있다.

카라바조는 바울이 예수를 만나는 모습을 소재로 삼았다. 당시 바울은 열혈 바리새파 *Pharisaioi* 였다. 그리스도교도를 체포하러 다메섹(다마스쿠스 *Damascus*)으로 가던 중 하늘에서 빛이 내려와 그를 둘러쌌고 예수 음성이 들렸다. 이후 바울은 '이방인의 사도'로서 소명을 다한다. 이 장면을 '바울의 회심'이라 일컫는다.

카라바조는 바울이 마음을 고쳐먹는 순간을 포착하였다. 초연하게 자신의 신념과 가치관을 내려놓고 예수에게 모든 걸 의지하는 바울을 표현하였다. 밝은 빛에 눈이 보이지 않음에도 바울의 표정에는 어떠한 두려움이나 고통 없이 '당신께 모든 것을 내어 맡깁니다'라고 말하는 듯하다.

카라바조는 찰나의 순간을 사진처럼 포착해 역동적으로 표현하였다. 그뿐만 아니라 빛과 어둠을 교묘히 활용해 관람자가 그 자리에 있는 것 같은 집중력을 전달한다. 이 작품은 나무 패널에 그렸던 첫 번째 작품이 거부당해 다시 그린 것이다.

[바울의 회심] 맞은편 벽면에 걸린 [성 베드로의 십자가형]은 베드로가 십자가형을 당하는 순간을 그렸다. 노구의 베드로는 담담하게 순교를 받아들이는 듯하다. 베드로는 십자가에 매달린 채 마지막 말을 전하려는 듯 관람자를 향해 상체를 일으키고 있다. 표정을 보고 있자면 그 말이 무엇인지 생각하게 된다.

카라바조는 예배당에 서 있는 관람자 위치에서 그림 속 인물을 자연스럽게 받아들일 수 있도록 배치한 것으로 보인다. 예배당 앞에서 오른쪽 벽면에 걸린 [바울의 회심]을 바라보면 하단 바울에게 자연스럽게 눈이 간다. 반면 예배당 오른쪽에서 왼쪽 벽면에 걸린 [성 베드로의 십자가형]을 보면 화폭 오른쪽에 있는 베드로와 먼저 눈이 마주친다. 카라바조가 천재 화가라 칭송받는 이유가 이러한 계산까지 그림에 녹여냈기 때문 아닐까?

카라바조 최고 작품으로 평가받는 [그리스도의 매장]은 바티칸 박물관에서 만날 수 있다.

원래는 키에사 누오바라 불리는 산타 마리아 인 발리첼라 성당 *Chiesa Nuova di Santa Maria in Vallicella* 제단 장식을 목적으로, 성 필리포 네리*Filippo Neri*가 창단한 오라토리오 수도회*Confederazione dell'oratorio di San Filippo Neri* 의뢰로 그린 그림이다. 이 그림은 나폴레옹*Napoléon Bonaparte*이 이탈리아를 침공했던 18세기 후반 프랑스로 갔다가 1816년 나폴레옹 몰락 후 바티칸 미술관에 반환됐다. 테네브리즘 기법이 빛을 발하는 작품으로 눈앞에서 그림 속 상황이 벌어지고 있는 듯한 착각을 불러일으킨다.

카라바조 작품을 이야기할 때 빼놓을 수 없는 [유디트 *Judith*와 홀로페르네스 *Holofernes*]는 바르베리니 궁전에 있는 국립 고대 미술관에서 만날 수 있다. 또 다른 걸작 [나르시소 *Narciso*]와 [명상하는 성 프란체스코 *Francesco*]도 이곳에 있다.

[유디트와 홀로페르네스]는 개인적으로 유심히 감상하기 힘든 작품이다. 그림이 풍기는 잔혹함이 사실적이라 솔직히 관람하는 것이 불편하다. 그만큼 카라바조가 잘 그렸다는 말이기도 할 것이다. 카라바조는 사실적 표현에 심혈을 기울였다. 그림 속 장면 묘사에 참고하려고 공개 처형장을 찾기도 하였다.

[유디트와 홀로페르네스]는 구약성서 외경 『유디트기』에 나오는 이야기를 그린 작품이다. 아시리아 *Assyria*가 유대 도시 베툴리아 *Bethulia*를 침략하자 미모의 과부 유디트는 연회에 나가 아시리아 장군 홀로페르네스를 유인해 목을 잘라 죽이고 베툴리아와 유대민족을 구했다. 많은 예술가가 이 이야기를 작품 소재로 썼다.

카라바조는 당시 로마에서 유명했던 매춘부 필리데 멜란드로니 *Fillide Melandroni*를 유디트 모델로 삼았다. 저잣거리 일반인을 작품 인물로 끌어왔던 카라바조에게 그리 이상하지 않은 선택이었다. 그의 다른 작품 [알렉산드리아 *Alexandria*의 성 카타리나 *Caterina*]도 멜란드로니가 모델이다.

엑스레이 판독 결과, 그림 속 유디트는 상반신이 드러난 상태였으나 옷으로 가렸으며, 홀로페르네스의 목도 더 벌어지게 수정해 잔혹함을 강조한 것이 밝혀졌다.

그리스 로마 신화에 나오는 나르시소는 '나르시시즘*narcissism*'이라는 심리학 용어의 기원이다. 나르시소는 강의 신 케피소스*Cephisus*와 님프 리리오페*Liriope* 사이 아들로 아름다운 외모를 지닌 인물이다. 외모 덕에 많은 사람이 그를 사랑하지만 나르시소는 그 사랑을 받아들이지 않는다. 그리스 로마 신화 속 유명 예언자 테이레시아스*Teiresias*가 리리오페에게 '나르시소가 자신을 사랑하지 않으면 오래 살 수 있으나, 자신을 사랑하면 짧은 삶을 산다'라고 예언한다.

어느 날 나르시소는 숲속 샘물에 비친 자신을 보고 그만 사랑에 빠진다. 물에 비친 자기 모습에 반해 자리를 떠날 수 없었던 나르시소는 결국 물에 빠져 죽고, 그 자리에 한 송이 꽃이 피어난다. 사람들은 그 꽃을 나르시소 이름을 따 나르시서스*Narcissus*라고 불렀다. 우리가 알고 있는 수선화다.

카라바조는 물에 비친 자기 모습에 도취해 한없이 바라보고 있는 나르시소를 그렸다. 나르시소를 제외하고 모든 것이 어둡다. 빛과 어둠의 마술사 카라바조의 능력이 한층 돋보이는 작품이다. 나무가 빽빽이 들어찬 숲속, 은은한 달빛이 비치는 샘물 앞에 실제로 나르시소가 무릎 꿇고 있는 모습을 보고 있는 듯하다. 어두운 물 표면에 비친 나르시소 모습을 이렇게 표현하다니… 역시 카라바조는 천재 화가가 틀림없다. 이 그림은 후원자 프란체스코 마리아 델 몬테*Francesco Maria del Monte* 추기경을 위해 그린 것으로 추정된다.

[명상하는 성 프란체스코]는 겸손과 가난을 삶으로 보여 주었던 성 프란체스코를 그린 작품이다. 청렴했던 성인의 삶을 테네브리즘 기법으로 담담하게 드러내고 있다. 들고 있는 해골은 "죽음을 기억하라"는 의미인 메멘토 모리*Memento Mori*를 나타낸다.

전쟁과 전염병으로 얼룩진 17세기 유럽의 메멘토 모리 사상은, 그 시대 어두운 상황과 맞닿아 인간의 유한성과 삶의 덧없음을 강조하지만, 죽음을 통해 삶의 가치를 깨닫고 더 의미 있게 살아가자는 철학적 내용을 품고 있다.

이 그림이 보는 이에게 더욱 가까이 다가오는 이유는 프란체스코를 성인으로 이상화하기보다 성인이 자기 삶을 통해 보여 주고자 했던 모습을 사실적으로 표현했기 때문이다.

카라바조의 또 다른 사실주의 걸작을 만날 수 있는 곳이 산타고스티노 성당 *Basilica di Sant'Agostino*이다.

카발레티 예배당 *Cappella Cavalletti*에 걸려 있는 [로레토 *Loreto*의 성모 마리아]는 마리아를 자애롭고 인간적인 모습으로 표현하였을 뿐 아니라 예수를 찾아온 이들을 가난한 서민으로 묘사하여 신분의 높낮이나 재물 유무에 상관없이 누구든 예수를 경배할 수 있으며, 하나님은 모든 이를 포용한다는 메시지를 담아냈다.

성모 마리아가 서 있는 장소 또한 화려한 궁전이나 성전이 아닌 작은 오두막 입구다. 주제를 일상에서 일어나는 일처럼 표현하였다. 맨발로 아기를 안고 있는 성모 모습도 우리네 일상에서 흔히 볼 수 있는 여인의 모습이다.

이 작품의 별칭은 [순례자의 성모 마리아 *Madonna dei Pellegrini*]다. 그림 속에서 인상적으로 다가오는 순례자 모습에 이러한 별명이 붙었다. 오랜 순례를 마치고 예수를 경배하는 이들의 신심이 느껴진다.남루한 차림에 더해 발바닥에 남은 고단한 흔적이 그들의 신앙을 깊이 있게 보여 준다.

로마는 보물 창고 같다. 전혀 예상하지 못한 곳에서 귀한 작품을 만나게 되니 말이다. 별 기대 없이 방문했던 카피톨리니 박물관과 도리아 팜필리 미술관 *Galleria Doria Pamphilj* 에서 카라바조 초기작을 만났다. 카라바조 초기 화풍을 볼 수 있는 흥미롭고 소중한 시간이었다. 카피톨리니 박물관에서 [점쟁이 *La Buona Ventura*]와 [성 세례 요한]을 마주할 수 있다.

밀라노에서 로마로 건너온 초창기 카라바조는 정물화와 장르화를 주로 그렸다. 초기작에 속하는 [점쟁이]는 로마 골목에서 일어나는 일상을 묘사한 그림이다. 점쟁이 집시 *Gypsy* 가 젊은 남자 손금을 봐주는 척하며 손가락에 있는 반지를 몰래 빼내는 순간을 포착하였다.

카라바조 후기작 특징인 강한 명암 대비와 극적 감정 표현에 익숙하다면 다소 생소할 수 있으나, 생동감과 밝은 빛이 전하는 온화함을 느낄 수 있다.

카라바조는 후기 르네상스와 매너리즘의 이상화된 화풍과 다른, 자신만의 주제로 사실주의적 그림을 그렸다. 일상 속 소재와 모델 선택은 카라바조의 신념이었다. [점쟁이]는 또 다른 버전이 있으며, 프랑스 파리 루브르 박물관 *Musée du Louvre* 이 소장하고 있다.

[성 세례 요한]도 여러 버전이 존재한다. 카피톨리니 박물관 [세례 요한]이 첫 번째 그림이다. 작품 속 세례 요한은 너무나 앳된 소년 모습이며, 표정도 밝고 생동감이 느껴진다.

반면 보르게제 미술관에 있는 마지막 버전 [세례 요한]은 이보다 좀 더 성숙한 소년 모습인데, 어둡고 침울한 표정에서 무언가 초탈함이 느껴진다. 카라바조가 그림을 그리던 상황을 떠올릴 때 세례 요한에 자신의 마음 상태를 투영한 것은 아닐까 하는 생각이 든다.

든든한 후원자를 만나 성공 가도를 달릴 꿈에 부풀어 있음이 첫 번째 [세례 요한]에서 느껴진다면, 마지막 [세례 요한]은 살인을 저지른 후 도망자가 되어 교황 사면을 애타게 기다리는 카라바조의 처지가 보이는 것 같다.

도리아 팜필리 미술관에서는 카라바조 초기 종교화에 속하는 [참회하는 막달라 마리아]와 [이집트^{Egypt} 피신 중 휴식]을 만날 수 있다.

[참회하는 막달라 마리아]는 카라바조 초기 종교화라는 점에서 남다른 의미가 있다. 카라바조는 세속적인 것을 내려놓고 자신의 죄를 진정 회개하는 막달라 마리아를 그렸다.

통상적으로 막달라 마리아는 눈물 흘리며 예수 발에 향유를 붓는 성스러운 여인으로 표현되나, 카라바조는 인간적 면모에 더 중점을 두었다. 당시 종교적 분위기가 반영되어 여성 누드^{nude}는 그릴 수 없었던 엄격한 도덕주의 경향도 드러나 있다.

동화책 삽화처럼 느껴질 만큼 온화한 분위기의 [이집트 피신 중 휴식]은 [참회하는 막달라 마리아]에 이어 그린 종교화다. 헤롯 Herod왕 폭정을 피해 요셉 Joseph과 마리아, 어린 예수가 이집트로 피신하던 중 잠시 휴식을 취하는 모습이다.

카라바조 초기와 전성기 그리고 후기까지 작품 전반을 만날 수 있는 곳이 로마다. 살인 사건 이전 카라바조는 로마에서 많은 시간을 보내며 작품 활동을 했다. 전성기를 보낸 곳이기에 카라바조는 도피 생활 중에도 계속 로마로 돌아가고 싶어했다. 그러나 끝내 로마 땅을 밟지 못하고 젊은 나이에 세상을 떠나고 말았다. 만일 그가 좀 더 활동했다면 미술사에 어떤 영향과 변화가 있었을까? 또한 얼마나 멋진 작품을 더 만날 수 있었을까? 안타까운 것이 사실이다.

그의 그림은 강렬해서 뛰어난 것이 아니다. 남들과 다른 가치관과 신념으로 자신의 영역을 구축하고 통상적인 틀에 얽매이지 않았던 선구자적 시선 때문에 특별한 것이다.

로마가 품고 있는 매력 가운데 빼놓을 수 없는 것이 도시를 향유했던 예술가의 발자취다. 비록 그들은 없지만, 로마를 누비며 만든 창조물을 시간을 넘어 공유할 수 있음이 얼마나 매력적인가?

산 루이지 데이 프란체시 성당

보르게제 미술관

산타 마리아 델 포폴로 성당

바티칸 박물관

국립 고대 미술관

산타고스티노 성당

카피톨리니 박물관

도리아 팜필리 미술관

이야기가 있는 로마

로마는 길바닥 돌덩이 하나에도 역사가 있는 도시다. 그래서 숨어있는 이야기가 많다. 로마를 매년 방문하기에 많이 알 것 같지만, 사실 로마는 알수록 자신감보다 겸손을 배우게 되는 곳이다. 그리고 더 알고 싶게 만드는 곳이기도 하다. 로마는 역사나 예술로나 소홀히 여길 만한 것이 없다. 품고 있는 하나하나가 모두 각별하다. 유럽의 유럽이었던 곳, 그래서 수많은 발길이 향했던 곳, 그랜드 투어 종착지 로마는 지금도 많은 이가 사랑하는 도시다. 널리 알려진 것에서 시선을 돌려 주변 이야기에 귀 기울이면 로마가 좀 더 색다르게 다가온다. 그냥 스쳐 갈 수 있었던 대상을 알게 되는 순간 느끼게 되는 친밀함이 짜릿한 쾌감을 전해주기도 한다. 로마를 좀 더 친근하게 만들어 줄 이야기를 이제 풀어 볼까 한다.

피에트로 롬바르디가 제작한 9개 분수

이탈리아에서 '물의 도시'란 말을 들으면, 가장 먼저 베네치아 *Venezia*가 떠오른다. 물 위에 지어진 도시라 당연하지만, 로마도 빼놓을 수 없는 물의 도시 중 하나다. 로마만큼 분수와 나조니 *Nasoni*가 많은 도시를 이탈리아에서 본 적이 없다. 로마 시내에는 90여 개 예술 분수와 3,000개 넘는 나조니가 있어 광장과 골목 여기저기서 쉽게 만날 수 있다. 그뿐만 아니라 고대 로마 욕장 흔적으로도 물이 풍부한 도시였음을 알 수 있다.

나조니는 물을 공급하는 식수대로 긴 코를 지니고 있으며 골목이나 광장 한쪽에서 볼 수 있다. 대부분 주철로 만든 원통 모양이지만 석회석으로 만든 것도 있다. 나조니 긴 코의 끝을 손가락 또는 손바닥으로 막으면 중간에 뚫린 구멍에서 물이 나온다. 코끝 출수구는 동물이 주둥이를 대기 때문에 절대 입을 대고 물을 마시면 안 된다. 이탈리아 물에는 석회질이 함유되어 있어 나조니 물을 식수로 권하지 않는다. 대신 손을 씻거나 재래시장에서 산 과일을 바로 씻어 먹고 싶을 때 유용하다.

관광객에게 널리 알려진 분수는 아니나 광장이나 골목에서 한 번쯤 만났을, 또는 만나게 될 9개 분수 이야기를 들려줄까 한다.

1925년 로마 시장 필리포 크레모네시*Filippo Cremonesi*가 주최한 로마 분수 전국 대회 우승자 피에트로 롬바르디*Pietro Lombardi*가 제작한 작품이다. 피에트로 롬바르디는 분수에 지역 특징을 잘 녹여냈다. 그를 우승으로 이끌었던 분수 폰타나 델레 안포레*Fontana delle Anfore*는 테스타치오 광장*Piazza Testaccio* 중앙에 자리하고 있다. 테스트치오는 고대 로마 시대 테베레강 포구와 가까웠던 지역으로, 올리브*olive*나 곡물 등을 담았던 항아리 안포라*anfora*를 재사용하지 못하도록 깨뜨리는 관습이 있었다. 테스타치오란 이름도 '항아리 파편 더미'라는 말에서 유래하였다. 피에트로 롬바르디는 이 지역 특징을 안포라에 간결하고 함축적으로 담았다.

비아 마르구타에도 그가 만든 인상적인 분수 폰타나 델레 아르티 *Fontana delle Arti*가 있다. 예술가가 모여 살았던 골목이라 작업 도구인 조각가 의자, 화가 이젤*easel*, 양동이와 붓 그리고 배우 마스크 *mask*를 소재로 삼았다.

폰타나 데이 리브리*Fontana dei Libri*는 전혀 연관성 없는 사슴 머리와 책이 조각된 분수로 보이지만, 이 또한 산 에우스타키오*San Eustachio* 지역 특색을 군더더기 없이 표현한 작품이다.

사슴 머리는 성인 에우스타키오의 상징이다. 이교도 장군 플라치도*Placido*는 어느 날 사슴 사냥을 나갔다가 그곳에서 사슴뿔 사이에서 빛나는 십자가를 보고 하늘의 음성을 듣는다. 이후 플라치도는 기독교로 개종하고 에우스타키오라 개명하였으며, 아드리아노 시대에 순교하였다. 분수가 설치된 벽은 사피엔차 궁전 *Palazzo della Sapienza*이다. 1935년까지 로마의 가장 오래된 대학 사피엔차 대학*Sapienza Università di Roma*이 있던 곳이다.

폰타나 델레 티아레*Fontana delle Tiare*는 산 피에트로 광장*Piazza San Pietro*에서 보르고 피오로 들어가기 전 성벽 앞에 있으며, 바티칸 시국과 산 피에트로 대성당의 상징을 품고 있다.
바티칸은 교황의 왕관으로, 산 피에트로 대성당은 베드로 상징인 열쇠로 표현하였다.

베네치아 광장*Piazza Venezia* 옆 산 마르코 광장*Piazza di S. Marco*에는 솔방울 분수 폰타나 델라 피냐*Fontana della Pigna*가 있다. 피냐는 "솔방울"이라는 뜻이다. 이 지역을 리오네 피냐*Rione Pigna*라고 부르는데, 큰 솔방울 청동상이 있었기 때문이다. 그 솔방울상은 바티칸 박물관 내 피냐 정원*Cortile della Pigna*에 있으며, 롬바르디는 그보다 작은 솔방울로 지역 상징을 나타냈다.

간혹 그림이나 조각에서 솔방울을 보는 경우가 있다. 솔방울은 "생명력"이나 "불멸", "부활"을 뜻하기도 하며, "정화"를 의미하기도 한다.

폰타나 데이 몬티*Fontana dei Monti*는 3개 산을 품고 있다. 그 산은 로마의 7개 언덕 중 몬티 지역 경계가 되는 에스퀼리노*Esquilino*, 비미날레*Viminale*, 첼리오*Celio*다.

폰타나 델라 보테*Fontana della Botte*는 고대부터 선술집과 트라토리아*trattoria*(경양식당. 이탈리아 정통 음식을 맛볼 수 있다. 격식상 레스토랑 *ristorante*보다 낮고, 서민적인 오스테리아*osteria*보다 높다)가 많아 와인 거래가 활발했던 트라스테베레 지역 특성을 표현하였다.

폰타나 델 티모네 *Fontana del Timone*는 고대 로마 시대부터 있었던 리파 그란데 항구 *Porto di Ripa Grande* 근처에 있으며, 리파 지구 *Rione Ripa* 상징인 배의 방향타를 소재로 했다.

폰타나 델레 팔레 디 칸노네 *Fontana delle Palle di Cannone*는 산탄젤로 성 부근에 있다. 산탄젤로는 아드리아노 황제 때 영묘로 지어졌지만 그 기능이 사라지고 침입자로부터 교황을 보호하는 요새로 변했다. 그러한 역사를 포탄으로 표현하였다.

폰타나 델레 안포레	폰타나 델레 아르티	폰타나 데이 리브리
폰타나 델레 티아레	폰타나 델라 피냐	폰타나 데이 몬티
폰타나 델라 보떼	폰타나 델 티모네	폰타나 델레 팔레 디 칸노네

슬픈 역사를 극복한 곳, 게토 지구

로마는 긴 역사를 지닌 만큼 품고 있는 이야기가 많다. 그 이야기 속에는 도시를 터전으로 살아온 사람들의 희로애락이 담겨있다. 특히 잘못된 행위로 생긴 상처는 역사의 흔적으로 전해진다.

과거 무분별하게 자행된 차별과 처절한 전쟁의 아픔이 남아 있는 동네가 있다. 현재 모습은 여느 동네와 다르지 않지만, 광장과 골목에서 슬픈 역사를 접할 수 있다. 유대인 집단 거주지였던 게토 *Ghetto* 지구다. 로마에 게토 지구가 있다는 사실을 모르는 이가 많다. 로마 시내에 있으면서도 드러나지 않는 곳, 쉽게 찾을 수 있지만 찾아가지 않는 곳이다.

로마 게토 지구*Ghetto di Roma*는 1555년 교황 바오로 4세*Paolo IV*가 만들었다. 1516년 베네치아 게토가 생기며 게토란 단어가 처음 쓰였다. 로마 게토는 베네치아 게토에 이어 세계에서 두 번째로 오래되었다. 게토 지구는 높은 벽으로 둘러싸였으며, 야간 통행이 금지되었다. 유대인이 게토를 나설 때면 다른 이와 구별할 수 있는 표시를 해야 했다. 유대인은 부동산을 소유하거나 거래할 수 없었을 뿐 아니라, 직업도 제한적이었다. 이렇게 오랜 세월 차별받던 유대인이 자유롭게 살 수 있게 된 것은 1870년 이탈리아가 통일되면서부터다.

벽이 허물어진 지금의 게토 지구에는 1904년 지은 유대인 회당이 있으며 학교와 유대 음식을 파는 레스토랑, 제과점 등이 있다.

게토 지구 거리를 걷다 보면 집 앞 바닥에 타일 모양 동판이 박혀 있는 것을 볼 수 있다. 메모리에 딘치암포 *Memorie d'inciampo*라고 부르는 이 동판에는 이름이 새겨져 있는데, 제2차 세계 대전 당시 독일 나치*Nazi*에 끌려가 돌아오지 못한 그 집 사람이다.

1943년 10월 16일 나치는 이탈리아에 살던 유대인을 수용소로 끌고 가기 시작했다. 전쟁이 끝난 후 돌아온 사람은 극소수에 불과했다. 1992년부터 독일 예술가 군터 뎀니히*Gunter Demnig*가 전쟁 희생자를 기리려 그들이 살던 집 앞에 이름을 새기기 시작했으며, 유럽 전역으로 퍼져 나갔다.

게토 지구 마테이 광장 *Piazza Mattei*에 아름다운 청동상으로 장식된 거북이 분수 *Fontana delle Tartarughe*가 있다. 자코모 델라 포르타 *Giacomo della Porta*의 프로젝트에 따라 1581년~1588년 만든 것으로 플로렌티네 타데오 란디니 *Florentine Taddeo Landini*의 조각을 사용하였다. 거북이 분수란 명칭을 만든 거북이 조각상은 1658년 베르니니가 추가한 것이다.

게토 지구는 로마 현지인 모습을 가까이에서 볼 수 있는 곳이기도 하다. 아침에 빵 사 가는 사람이나 삼삼오오 모여 수다를 떠는 이웃들, 가게 문을 여는 이의 부산한 손길 등 친근한 일상 모습에 정감이 가는 곳이다.

한눈에 다 담길 정도로 아담한 이곳에 오랜 시간 이어진 차별과 잊을 수 없는 전쟁의 아픔이 있다는 사실이 마음 한편을 아리게 한다.

게토 지구

거북이 분수

로마에서 3국을 한눈에 담을 수 있는 곳이 있다?

로마 7개 언덕 중 한 곳인 아벤티노*Aventino* 언덕을 오르면, 로마에 발을 딛고 서서 몰타를 가로질러 바티칸까지 한번에 볼 수 있는 명소가 있다. 깔끔하게 정리된 주택 골목을 지나면 긴 줄이 서 있는 녹색 철문이 나오는데, 너나 할 것 없이 철문 열쇠 구멍 안을 열심히 들여다보거나 그 안 풍경을 사진에 담으려고 애쓰는 모습을 볼 수 있다. 누군가의 집이나 건물 열쇠 구멍을 이렇게 대놓고 들여다볼 수 있는 곳이 또 있을까? 산 피에트로 대성당의 돔을 색다르게 즐길 수 있는 곳이라 인기가 많다.

정원 양옆에 늘어선 월계수 울타리 사이로 보이는 산 피에트로 대성당 돔은 예상치 못한 즐거움을 주는 풍경이라 줄을 서서 볼 만한 가치가 있다.

열쇠 구멍이 있는 곳은 빌라 마지스트랄레*Villa Magistrale*다. 1312년부터 몰타 기사단이 소유하고 있으며 몰타 기사단 로마 본부 및 대단장 거주지로 사용 중이다. 지금 모습은 1764년 조반니 바티스타 피라네시*Giovanni Battista Piranesi*가 카발리에리 광장*Piazza Cavalieri di Malta*을 재설계하고, 건물을 복원하면서 이뤄졌다.

열쇠 구멍으로 산 피에트로 대성당 돔이 보이는 것을 두고 피라네시 의도였다 아니다 의견이 분분하지만, 이 독특한 결과물이 우리에게 즐거움을 주고 있는 것은 명백하다.

빌라 마지스트랄레는 7월과 8월을 제외하고, 매주 금요일 오전 예약을 통해 일반에 공개된다. 예약은 이메일(visitorcentre@orderofmalta.int)로 할 수 있다.

빌라 마지스트랄레

로마 건물 벽면은 기록 보관소

미술관이나 박물관에 가면 작품을 설명하는 오디오 가이드가 있다. 이처럼 로마 거리 어느 건물 앞에 서면 저절로 알려주는 기계나 시스템이 있으면 좋겠다고 로마 여행 초기에 생각한 적이 있다. 로마를 잘 모르던 때였다. 지금은 그런 생각을 하지 않는다. 로마를 잘 알아서가 아니라, 이미 명판이나 표지판으로 알려 주고 있기 때문이다. 그간 무심히 지나쳐 보지 못했을 뿐이었다.

로마를 거닐다 보면 건물 옆이나 골목 초입에서 S.P.Q.R. 마크가 찍힌 안내판을 심심치 않게 볼 수 있다. 이탈리아어와 영어로 역사 또는 설명이 쓰여있다. S.P.Q.R.은 라틴어 SENATUS POPOLVS QVE ROMANVS의 약자로 "로마 원로원과 민중" 즉, "로마 시민"이란 뜻이며 "로마 자체"를 의미하기도 한다. 고대 로마 시대에는 군대 깃발, 공공건물, 주화와 기념비에 공식 상징으로 사용하였다. 로마 제국이 멸망하며 쓰이지 않다가 중세 시대 이후 로마시 공식 마크로 다시 쓰이고 있다. 가로등, 맨홀 뚜껑, 공공건물, 버스, 깃발 등에서 쉽게 볼 수 있다.

그런데 로마에는 이 표지판 외에 설명 도구가 또 있다. 바로 건축물에 붙어 있는 석판이다. 단순히 거리 지명을 알리기도 하지만, 해당 건축물과 관련된 기록을 머릿돌처럼 부착해 놓기도 한다. 혹시 눈에 띄는 석판이 있다면 그냥 지나치지 말고 사진을 찍어 번역기로 확인해 보기를 권한다. 역사적 인물이나 사건이 연관된 장소일 가능성이 높다.

어떤 건물 벽면에는 손가락과 물결무늬, 연도가 표시되어 있기도 한데, 가로줄이 그어져 있고 연도가 쓰여 있으면 해당 연도에 테베레강이 홍수로 범람해 표시된 높이까지 물이 차올랐음을 보여 주는 것이다.

이렇듯 로마를 친절하게 설명하는 안내판이 거리 곳곳에 있으니 지나치지 말고 확인해 볼 것을 권한다. 로마를 더 가까이 느끼고 더욱 풍성한 여행으로 이끌어 줄 것이다.

색다른 로마

로마 여기저기 흩어져 있는 유적이 돌덩이처럼 보이는 사람도 있을 것이고, 역사 흔적으로 인지하는 이도 있을 것이다. 사실 투박한 돌 사이에서 역사와 예술을 느끼기란 쉽지 않다. 스치듯 지나가면 과거 잔해만 잔뜩 있는 도시일 수 있다. 유럽 여느 도시처럼 화려함과 웅장함, 아기자기한 멋이 없어 보이더라도, 관심을 두고 들여다보면 그 진가를 알 수 있다.

첫 만남에서 매력을 느끼지 못한다고 실망할 필요는 없다. 로마는 보면 볼수록 빠져드는 도시라고 단언한다. 무한한 매력. 내가 생각하는 로마다. 그렇기에 나는 헤어질 때마다 항상 아쉬움을 느낀다. 이 정도면 더 볼 것이 있나 싶어도, 보아야 할 것이 어디선가 나타난다. 그래서 다시 로마를 찾는다.

의외의 개성을 느낄 수 있는 곳, 그리고 매력이라는 말이 충분히 어울리는 곳을 소개한다.

콰르티에레 코페데

이곳은 로마 속 또 다른 로마다. 흡사 가우디 *Antonio Gaudi* 작품 같은 건물이 다른 세상으로 발을 들여놓은 듯한 느낌을 준다. 건물 사이 아치형 터널은 그 안으로 들어가는 입구가 되어 새로운 경험의 시작을 알린다. 들어서자마자 나타나는 광장 분수를 여러 양식이 혼합된 건물이 둘러싸고 있는데, 어느 하나 동일한 모양새를 지니고 있지 않아 비현실적인 분위기를 만들어 낸다.

이곳에 오면 도심에 흔한 아파트와 건물 속에서 느끼지 못했던 독특함을 느끼게 된다. 남들과 다르지 않은 모습으로 살아야 잘 사는 것이라 여겨지는 삶에서 벗어나, 개성대로 살아가는 삶도 잘 사는 삶이라고 말해 주는 듯하다.

제일 먼저 눈에 들어오는 건물은 높은 탑과 테라 코타*terra cotta* 벽화가 인상적인 빌리니 델레 파테*Villini delle Fate*다. 동화 나라 과자 궁전 같기도 하고 중세 별장 같기도 하다. 특히 벽화가 눈길을 끈다. 로마, 피렌체*Firenze*, 베네치아가 각각 대표 이미지로 표현되어 있다. 로마는 늑대 젖을 물고 있는 로물루스와 레무스, 베네치아는 범선, 피렌체는 『신곡』을 쓴 단테*Dante*와 시인 페트라르카*Petrarca* 그리고 피렌체 두오모*duòmo*로 나타내었다.

노란색 벽면과 입구 정면 얼굴 조각, 황금색 거미 장식이 있는 건물은 팔라초 델 라뇨*Palazzo del Ragno*다. 들어서는 순간 미스터리 *mystery*한 모험이 시작될 것 같은 분위기를 뿜어낸다. 라뇨는 이탈리아어로 "거미"를 뜻한다.

이 지역에 모여 있는 40여 개 건물은 피렌체 건축가 지노 코페데 *Gino Coppedè*가 1913년부터 1927년까지 지은 것이다. 그의 이름을 붙여 이 동네를 쾨르티에레 코페데*Quartiere Coppedè*라고 부르는데, 쾨르티에레는 이탈리아어로 "지구", "지역"을 뜻한다. 아르누보 *Art Nouveau*의 강한 영향을 받았으며, 바로크와 그리스, 고대 아시리아, 로마 스타일이 혼합되어 있다. 그래서 그런 걸까? 건축가와 직접 이야기를 나누지 않았어도 건물을 보는 것만으로 그가 품었던 상상력과 기발함이 느껴진다. 이곳은 독특한 분위기로 광고와 영화에 종종 등장한다.

쾨르티에레 코페데는 보르게제 미술관에서 가까워 보르게제 방문 후 들르는 것도 좋으며, 시내에서 트램*tram*이나 버스로 와도 된다. 트램이나 버스 이용 시 피아자 부에노스 아이레스*Piazza Buenos Aires*나 비아 탈리아멘토*Via Tagliamento*에서 하차하면 그리 멀지 않다.

날씨 좋은 날, 햇살이 살짝 드리운 노천 테이블에 앉아 아담한 광장 풍경을 보며 브런치*brunch*를 먹거나 시원한 맥주 한 잔 들이켜는 상상을 하곤 하는데, 그 상상이 현실로 이뤄지는 공간이 있다. 콰르티에레 코페데에서 걸어서 10분 거리에 있는 카페 마르지알리 1992 *Marziali 1992*다. 그 앞 카프레라 광장 *Piazza Caprera*을 바라보며 한가로움을 만끽할 수 있다. 평일 점심에는 주변 직장인이 샐러드*salad*로 간단하게 점심을 해결하려고 찾는 곳이기도 하다. 오후의 느긋한 따사로움을 느끼고 싶을 때 추천한다.

콰르티에레 코페데

마르지알리 1992

갈레리아 쉬아라

로마는 특정 시간대 머물러 있는 도시가 아니다. 고대부터 현대까지 지나온 시간을 그대로 품고 있어 끝없는 매력을 분출한다. 로마 대표 명소 중 하나인 트레비 분수는 고대 로마 시대 만든 수로와 바로크 양식이 결합한 랜드마크라 많은 사람이 찾는다. 트레비 분수에서 멀지 않은 곳에 남다른 매력을 발산하는 장소가 있다. 쉬아라 콜론나 디 카르보냐노 궁전*Palazzo Sciarra Colonna di Carbognano* 안뜰 보행자 통로인 비아 마르코 민게티 10*Via Marco Minghetti, 10*이다. 그냥 지나칠 수 없는 포토 스팟*photo spot*이 숨어있다.

쉬아라 콜론나 디 카르보냐노 궁전은 로마 명문 귀족인 콜론나 가문에서 분파한 쉬아라 콜론나 디 카르보냐노*Sciarra Colonna di Carbognano* 가문이 16세기에 건설하였다. 17세기~18세기에 바로크 양식으로 바뀌었고, 19세기 궁전 일부가 개조되면서 아르누보 스타일 아케이드*arcade*인 갈레리아 쉬아라*Galleria Sciarra*가 추가되었다. 주세페 첼리니*Giuseppe Cellini*가 그린 프레스코*fresco*가 매우 인상적인데, 그 시대 여성의 삶과 미덕을 표현하였다. 유리 천장과 벽면 가득 채운 그림이 작은 미술관에 들어선 느낌을 준다. 그림 안에 서 있는 기분도 든다. 이렇게 아름다운 공간이 궁전 안쪽에 있다는 것을 사람들이 잘 모른다. 로마를 깊게 들여다보아야 알 수 있는 장소 중 하나다.

이 궁전은 현재 문화 및 행정 공간으로 사용되고 있으며, 로마 문화 및 사회 발전에 이바지하고 있는 비영리 재단 폰다지오네 로마*Fondazione Roma* 본부이기도 하다.

갈레리아 쉬아라

아르코 델리 아체타리

로마는 시간 여행이 가능한 도시다. 타임머신*time machine*을 탄 듯 고대와 중세로 넘나들 수 있다. 이러한 도시가 또 있을까? 시간이 켜켜이 쌓인 곳이기에 가능하다.

캄포 데 피오리 광장 가까운 곳에 영화 세트 같은 중세 시대 주택 모습이 고스란히 남아 있는 곳이 있다. 좁은 아치형 골목을 따라 들어가면 시간을 거슬러 온 듯한 느낌의 작은 마당이 눈앞에 펼쳐지는데, 영화에서 봤을 법한 주황색 황토벽과 나지막한 계단이 잠시나마 중세로 인도한다. 아르코 델리 아체타리*Arco degli Acetari* 라 불리는 곳이다. 공공장소가 아닌 개인 주거지여서 둘러보기에 조심스럽지만, 호기심으로 방문하는 이가 적지 않다.

아르코 델리 아체타리가 중세 시대 어떤 곳이었는지는 이름을 통해 알 수 있다. 아체타리*Acetari*는 아쿠아체토사리*acquacetosari*에서 유래하였으며, 이후에 아체토사리*Acetosari*로 축약되었다. 아체토사리는 철분이 풍부한 샘물 아쿠아 아체토사*Acqua Acetosa*를 판매하던 상인을 가리키는 말이다. 아체토사리는 이곳을 캄포 데 피오리 광장에서 판매할 물을 보관하던 창고로 사용하였다고 한다. 아쿠아 아체토사는 파리올리*Parioli* 지역에서 솟아나던 철분 함유 물로, 교황 바오로 5세*Paolo V*가 건강에 유익하다고 하였을 뿐만 아니라 그 당시 인기가 높았던 물이었다고 한다.

아르코 델리 아체타리

이질감 없는 조화, 오벨리스크

로마는 그 자체로도, 또한 다른 것과 융화된 모습으로도 존재한다. 단적인 예가 이집트에서 가져온 오벨리스크*obelisk, obelisco*다. 로마 시내 주요 광장에 놓인 오벨리스크는 처음부터 그 자리에 있었던 것처럼 주변과 잘 어울린다.

산 피에트로 광장 중앙에서 해시계 역할을 하는 오벨리스크도 기원전 37년 이집트에서 가져온 것이다. 꼭대기에 예수가 못 박혔던 십자가 일부가 보관되어 있어 성물 보관소 역할도 하고 있다.

개인적으로 최고의 오벨리스크 재배치는 산타 마리아 소프라 미네르바 성당*Basilica di Santa Maria Sopra Minerva* 광장에 있는 풀치노 델라 미네르바*Pulcino della Minerva*라고 생각한다.

잔 로렌초 베르니니가 자신이 조각한 코끼리상 위에 6세기 이집트에서 가져온 오벨리스크를 얹어 만들었는데, 코끼리와 오벨리스크가 전혀 이질감 없이 하나의 조각상처럼 있다. 이러한 모습이 로마를 구태의연한 도시가 아닌 독자적 개성을 지닌 도시로 만든 게 아닐까?

산 피에트로 광장

산타 마리아 소프라 미네르바 성당

힐링을 위하여

쉬기 위해 여행을 떠난다고 하지만, 막상 여행지에서는 평상시 알지 못했던 에너지가 몸 어디선가 나오는 것 같다. 출근하려고 아침에 일어날 때는 그렇게 힘들었는데, 여행만 가면 잠이 없어지는 것인지 일찍 눈이 뜨여 의도치 않게 이른 아침을 시작하게 된다. 시차 때문일 수 있겠지만, 평상시보다 몸과 마음이 가벼운 것은 사실이다.

여행 일정을 짤 때 왜 그렇게 보고 싶고, 가고 싶고 또 하고 싶은 게 많은지 여행이 아니라 극기 훈련을 방불케 하는 경우가 많다. 여행에서 돌아와 놓친 것을 발견하면 아쉬움이 크기에 더 부지런해지는 것 같다. 그래도 그렇게 다녀오면 다음 여행까지 버티는 힘을 얻는다.

아이러니하게도 일상으로 돌아와 생각나는 순간은, 바쁘게 욕심을 부렸던 시간보다 잠시 모든 걸 내려놓고 여유를 가졌던 때다. 공원 벤치에 앉아 들었던 새소리와 어디선가 들렸던 음악, 전망 좋은 카페에서 마셨던 차 한 잔, 재래시장에서 사 먹었던 과일, 우연히 접어든 골목 장상 등 소소한 기억이 일상에서 지칠 때 힘을 준다.

여행에서 속도 조절은 참 중요하다. 빠듯하고 바쁜 일정에 계속 속도를 높여 가다 보면 어느 순간 과부하가 걸려 무엇을 위한 여행인지 목적을 상실할 때가 있다. 좀 더 알찬 여행을 원한다면, 중간중간 느려지기를 권한다.

소소하고 아름다운 사치, 보르게제 공원

공원에 가 보라고 한다면, '갈 곳도 많고 할 것도 많은데 굳이 공원을 갈 필요가 있을까?'라거나 '집 근처 공원도 안 가는데 외국에 나가서까지 공원을 가야 해?'라고 생각하는 이가 있을 것이다. 솔직히 시간에 쫓긴다면 일부러 갈 필요는 없다. 하지만 여행 중 숨 돌릴 시간이 필요하다면 가 보기를 권한다. 뭔가를 더 봐야 한다는 압박에서 잠시 벗어나고 싶다면 더더욱 추천하고 싶은 장소가 공원이다.

공원 벤치에 앉아 맑은 공기를 마시며 눈을 감고 있는 것만으로도 쌓였던 스트레스가 모두 날아가 버리고 평온해지는 것을 느낄 수 있다. 큰 나무가 빼곡히 들어서 있는 공원을 배경 삼아 조깅 *jogging*하거나 반려견과 산책하는 사람, 벤치에 앉아 한가로이 책을 읽는 사람, 또는 호수에서 배를 타며 즐거워하는 사람 등 각자 공원을 온전히 즐기는 모습을 보고 있자면 너무 평화로워 저절로 차분해진다.

보르게제 공원은 아무것도 하지 않고 가만히 있어도 행복해지는 공간이다. 푸른 나무, 시원한 바람과 맑은 공기, 따사로운 햇볕 그리고 귀를 간지럽히는 새소리가 지친 심신을 치유하기 때문이다. 보르게제 공원 자체가 워낙 크다 보니 여러 곳에서 접근할 수 있는데, 포폴로 광장과 연결된 핀초 *Pincio* 언덕을 통해 가는 방법과 보르게제 미술관에서 공원을 가로지르는 길을 추천한다.

개인적으로 로마가 특별하게 느껴지는 때가 있다. 동트는 새벽과 석양이 머무는 시간대. 새벽 로마는 관광객 없는 로마 본연의 모습을 볼 수 있을 뿐 아니라 떠오르는 태양 빛이 유적지에 닿아 유구한 역사가 도드라지는 풍경을 선사한다.

반면 석양이 물들기 시작할 때는 낭만이 충만한 곳으로 바뀐다. 오렌지빛이 비치는 곳 모두 아름다워지는 순간이다. 이러한 장면을 감상할 수 있는 명당이 핀초 언덕이다. 포폴로 광장을 한눈에 내려다볼 수 있고, 산 피에트로 대성당 돔 옆으로 붉은 해가 지는 멋진 광경을 감상할 수 있다. 아울러 언덕 주변에서 거리 공연하는 이의 음악 소리가 낭만을 더욱 진하게 만들어 준다.

보르게제 미술관은 관람 시간이 2시간으로 제한된 예약제 미술관이다. 추기경 시피오네 보르게제가 수집한 작품을 소장하고 있으며, 그 목록은 크게 조각과 그림으로 나뉜다. 이곳에는 카라바조를 포함해 베르니니, 라파엘로, 티치아노*Tiziano Vecellio*, 루벤스 등 뛰어난 예술가의 작품이 전시되어 있다.

주옥같은 소장품 가운데 꼭 보기를 권하고 싶은 작품이 있다. 베르니니의 [프로세르피나*Proserpina*의 납치]다. 사진으로 처음 접했을 때 그 사실적 표현력에 많이 놀랐었다. 흙도 아닌 대리석으로 어떻게 저런 표현이 가능한지 경이로웠다. 이 작품은 로마 신화에서 저승의 신 플루토*Pluto*가 대지의 여신 케레스*Ceres*의 딸 프로세르피나를 흠모하여 저승으로 납치하는 장면을 조각한 것이다. 실제로 보면 눈앞에서 상황이 벌어지고 있는 듯한 착각이 들 정도로 역동적인데, 특히 플루토가 잡은 프로세르피나의 허벅지는 대리석이 아닌 진짜 사람의 다리 같다는 생각이 들 정도로 사실적이다. 조각상 앞에 서면 한동안 발길을 옮기지 못하고 주변을 빙빙 돌게 된다.

2시간이라는 관람 제한이 촉박하게 느껴질 수 있지만, 시간당 관람객 수를 한정하고 있기에 오히려 여유롭게 작품을 감상할 수 있다.

관람 후 받았던 감흥을 좀 더 음미하고 싶을 때가 종종 있는데, 보르게제 공원이야말로 최적의 장소다. 대가의 작품이 준 감동과 정서적 만족감을 고스란히 안고 공원을 산책하다 보면 어느새 몸과 마음이 좋은 기운으로 충전됨을 느낄 수 있다. 미술관 관람 후 공원을 여유롭게 산책하며 아름다운 사치를 즐기기를 권한다.

보르게제 공원

나만의 아지트, 숨어있는 공간

번잡하고 바쁜 일상을 벗어나고자 떠난 여행이지만 욕심이 한가득 반영되어 지칠 때가 있다. 여행지에서 여유롭게 그림도 보고 책도 읽고 음악 들으며 차 한잔하는 모습을 상상했건만, 그렇지 못하고 짜 놓은 계획에 쫓길 때가 많다.

이탈리아 사람이 하는 말 중에 '돌체 파르 니엔테*Dolce far niente*'가 있다. "아무것도 하지 않을 때 느끼는 여유의 달콤함"을 뜻하는데, 빨리빨리 그리고 오래 일하는 것이 익숙한 우리네 정서와는 거리가 있다.

그러나 여기는 여행지다. 일상에서 부족한 여유의 달콤함을 누려보는 건 어떨까? 특별한 장소나 이벤트가 아니더라도 여행 중 짬짬이 기회를 만들 수 있다. 사실 사람이 많은 로마에서 한가함을 누리는 게 힘들긴 하다. 하지만 볼 것 많고 갈 곳 많은 로마라, 널리 알려진 곳임에도 우선순위에서 밀려 관광객 드문 곳이 있다. 그런 보석 같은 공간이 시내 곳곳에 있어 일상에서 상상했던 여유를 실행에 옮길 수 있다. 그곳은 미술관과 궁전, 성당 안에 숨어있다. 미술관 카페는 작품을 관람하지 않아도 이용할 수 있으므로 관광 중에 한적한 곳을 찾는다면 제격이다.

나보나 광장에서 멀지 않은 곳에 르네상스 회랑 건축물인 키오스트로 델 브라만테 *Chiostro del Bramante*가 있다. 그곳 2층에 인테리어가 화려한 카페테리아 델 키오스트로 *Caffetteria del Chiostro*가 있는데, 하늘을 보며 차를 마실 수 있는 공간이 바깥에 따로 있다. 잠시 구름을 보면서 멍때리기를 해도 좋고, 선선한 바람을 맞으며 책을 읽어도 좋다.

이곳은 이름에서 알 수 있듯 1500년대 도나토 브라만테가 성당 부속 회랑과 수녀원으로 지은 것이다. 회랑에 붙어 있는 건물이 성당 산타 마리아 델라 파체 *Chiesa di Santa Maria della Pace*다. 카페테리아 델 키오스트로는 가격도 저렴해 편하게 쉬기에 금상첨화다.

또 다른 매력을 지닌 곳으로 로마를 한눈에 담을 수 있는 카페를 소개한다. 전망 때문에 일어나고 싶지 않은 곳이다.

캄피돌리오*Campidoglio* 언덕 옆 빌라 카파렐리*Villa Caffarelli* 꼭대기 테라스*terrace*에는 테라짜 카파렐리*Terrazza Caffarelli*가 있다. 시원하게 펼쳐지는 로마 전망을 한가로이 즐길 수 있는 곳으로 관광객에게 많이 알려지지 않았다. 차 한잔도 좋지만, 스프리츠*spritz*나 샴페인*champagne* 한잔하기에도 괜찮다. 캄피돌리오 광장*Piazza del Campidoglio* 주변에서 잠시 쉬고 싶다면, 그리고 화장실을 급하게 이용해야 한다면 이곳을 추천한다.

궁전 정원에서 고급스럽게 시간을 보내고 싶다면 도리아 팜필리 궁전*Palazzo Doria Pamphilj* 안에 있는 카페 도리아*Caffè Doria*가 좋다. 날씨 맑은 날 궁전 중정에서 간단한 브런치나 차 한잔을 즐기면서 여유로운 여행 기분을 느낄 수 있다. 분수 물소리, 정원에 찾아든 새가 지저귀는 소리 그리고 볼을 스치고 지나가는 바람까지 어느 하나 거슬리는 것 없이 평온하다.

도리아 팜필리 궁전은 팜필리 가문이 소유하고 있는 미술품을 전시하는 미술관이다. 정원의 카페 도리아를 방문하려면 팜필리 궁전 매표소 쪽 입구로 들어와야 바로 안내받을 수 있다.

로마 시내 한복판에서 다리를 쉬게 하거나, 날이 좋아 그냥 조용히 앉아 있고 싶을 때 찾는 장소가 있다. 키 큰 나무가 따가운 햇살을 막아주고 살랑이는 바람이 몸을 감싸, 벤치에 잠깐 앉아 있으면 잠이 솔솔 찾아오는 곳이다. 잠깐 낮잠도 즐길 수 있다.

베네치아 광장 옆 베네치아 궁전 *Palazzo Venezia* 안에 작은 정원 *Giardini di Palazzo Venezia*이 있다. 아는 사람만 찾아오는 곳이라 한가로울뿐더러, 궁전 경비원이 군데군데 지키고 있어 치안 걱정도 없다. 정원을 둘러싼 궁전 벽면과 높게 솟은 나무가, 북적이는 밖과 완전히 차단된 평온하고 아늑한 공간을 만들어 준다.

열심히 걸어 다니다 보면 배터리*battery*가 방전되듯 체력이 고갈될 때가 있다. 그럴 때면 동네 어귀 성당에 들어가 앉아 있거나 성당 안 정원에서 잠시 숨을 고른다. 바깥세상 소란을 차단하는 기능이 있는 것처럼 고요함과 차분함이 둘러싼다.

유명한 성당 중에는 중정(정원) 입장료를 따로 받는 곳이 있지만, 한 번쯤 세상과 단절된 삶을 사는 사람들이 일상으로 접하는 고요하고 차분한 공기와 기운을 느껴보는 것도 좋다. 몸과 마음에 있는 독소를 걸러주는 필터*filter*가 작동하는 듯 정화되는 느낌을 받을 것이다.

카페테리아 델 키오스트로

테라짜 카파렐리

카페 도리아

베네치아 궁전 정원

가기만 해도 힐링이 되는 곳, 재래시장

우리는 일상에서 사람에게 상처받지만, 사람에게 치유되기도 한다. 알게 모르게 쌓였던 상처와 스트레스*stress*를 다른 이 일상으로 들어가 치유받는 과정이 여행이 아닐까 한다.

시장에 가면 사람들이 내뿜는 활력이 연고처럼 느껴진다. 밝은 긍정 에너지와 작은 친절이 심신을 충전하고 따뜻하게 데워준다. 가판대에 놓인 형형색색 과일과 채소를 바라보는 것으로도 컬러테라피*color therapy*가 된다.

로마 재래시장은 이른 아침부터 오후 2시~3시까지 열린다. 보통 동네 작은 광장에서 열리지만, 좀 더 큰 시장은 잘 정비된 건물 안에 자리 잡고 있기도 하다.

구경할만한 조금 큰 재래시장이 캄포 데 피오리 광장 시장이다. 캄포 데 피오리는 "꽃의 들판"이란 뜻으로 광장 한쪽에 작은 꽃시장이 같이 열린다.

이탈리아를 여행하다 보면 예쁜 꽃이 장식된 테라스나 창가를 자주 본다. 꽃이 없는 집은 이탈리아인이 사는 집이 아니란 말이 있을 정도로 이탈리아 사람은 꽃을 참 좋아한다. 제철 과일과 채소 가운데 익숙한 것도 눈에 띄지만, 생소한 것도 있어서 구경하는 재미가 쏠쏠하다.

좀 더 크고 정비된 재래시장으로는 바티칸 박물관 근처 메르카토 트리온팔레 *Mercato Trionfale*와 테스타치오 지역 메르카토 디 테스타치오 *Mercato di Testaccio*가 가 볼 만하다.

메르카토 트리온팔레는 800년 말 줄리오 체사레 거리 *Viale Giulio Cesare*에 생긴 로마 최초 시장으로, 2009년 3월 지금 모습으로 새롭게 단장하였다.

메르카토 디 테스타치오는 2012년 현재 모습으로 정비하였다. 테스타치오 지역은 로마에서 태어나 자란 현지인이 많은 곳이다. 앞서 말했듯 지역명은 "항아리 파편 더미"란 뜻에서 유래하였다. 올리브, 곡물 등을 담았던 항아리를 재사용하지 못하도록 깨뜨렸기 때문에 포구와 창고 주변이었던 이곳에 깨진 항아리 조각이 산처럼 쌓이게 되었다. 몬테 테스타치오 Monte Testaccio에 가면 높이 50m의 항아리 조각 산을 볼 수 있다.

메르카토 디 테스타치오는 다른 곳보다 먹을거리가 많은 편이다. 가게에서 산 음식을 먹을 수 있도록 시장 내외부에 테이블과 의자가 놓여 있어 간단하게 요기하기 좋다.

캄포 데 피오리	메르카토 트리온팔레	메르카토 디 테스타치오

고대 로마 시간 속을 한가롭게 거닐고 싶다면

로마는 전 세계 관광객이 넘쳐나는 곳이다. 어디를 가든 붐빈다. 물론 우리도 그중 한 명이지만 가끔 사람 구경에서 벗어나 로마를 한가롭게 거닐고 싶을 때가 있다. 그런 사람에게 골목과 카라칼라 욕장 *Terme di Caracalla*, 수도교를 추천한다.

골목에만 들어가도 수많은 사람 틈에서 벗어날 수 있다. 그리고 다른 세상이 펼쳐진다. 내가 골목을 좋아하는 이유다.

반나절 정도 시간을 할애할 수 있다면 비교적 한가로운 고대 로마 유적지 산책도 괜찮다. 시내에서 멀지 않은 곳에 카라칼라 욕장이 있다. 오후보다 햇볕이 강하지 않은 오전에 방문을 권한다. 천천히 걷다 보면 고대 목욕탕 크기에 놀라고, 여유와 풍류를 즐겼던 로마인 모습에 다시 한번 놀라게 된다. 고대 로마 욕장은 목욕만을 위한 시설이 아니었다. 욕장 안에 도서관과 체육시설, 극장 등 여가 시설이 갖춰져 있어 오늘날 멀티플렉스*multiplex*와 같았다.

카라칼라 욕장은 216년 황제 카라칼라가 만든 것으로 테르메 안토니니아나에*Thermae Antoninianae*란 이름으로 개장하였으며, 고대 욕장 중 테르메 디 디오클레티아누스*Terme di Diocleziano*와 함께 가장 컸다. 현재까지 그 흔적이 잘 보존되어 있다.

카라칼라 욕장은 칼리다리움*Calidarium*, 테피다리움*Tepidarium*, 프리지다리움*Frigidarium*, 나타치오*Natatio*가 중심에 있었으며, 이 건물들을 중심으로 락커룸*spogliatoi*, 체육관*palestre*, 사우나*saune*, 미팅룸*sale per riunioni*, 화장실*latrine*이 대칭으로 배치되어 있었다.

입장객은 사우나에서 땀을 뺀 후 물 온도가 40℃~50℃인 칼리다리움과 30℃~40℃인 테피다리움을 거쳐 냉수인 프리지다리움에 가는 방식으로 목욕을 즐겼다. 나타치오는 수영장이다.

욕장 지하에 마차가 다닐 수 있는 거대 시설이 숨어있었다. 지하에는 난방과 물을 관리하는 시스템, 창고 등이 있어 욕장을 관리, 유지할 수 있었다.

이 거대 욕장은 최소 250개 기둥과 120개 이상의 조각상이 있었을 만큼 화려했다. 로마 시내 파르네제 광장을 2개 분수가 장식하고 있는데, 거기에 쓰인 대리석 욕조도 이 욕장에 있던 것을 옮겨 놓은 것이다. 휴식처이자 사교장으로 인기를 끌었던 카라칼라 욕장은 537년 문을 닫으며 지금 모습으로 남았다.

욕장 입장료 8유로 *Euro* 가 있으며, 여름밤에는 오페라 *opera* 공연이 열린다.

로마는 '물의 여왕*Regina Aquarum*'이라 불릴 정도로 물이 풍부한 도시다. 물이 풍부하다는 것만으로도 삶의 질은 확연히 달라진다. 고대 로마에 욕장이 많았던 이유도 물이 풍족했기 때문이었다. 로마인이 물 걱정 없이 살 수 있었던 것은 수로 덕분이었다. 로마를 위대하게 만든 것 중 하나가 수로라고 말하는 이도 있다. 인구가 늘며 테베레강과 샘, 우물로는 물 수요를 감당할 수 없게 되자, 로마 외곽 수원지에서 물을 끌어오는 방법을 고안하게 되었고 그로 말미암아 로마에 11개 수로가 만들어졌다.

로마 최초 수로는 기원전 312년 건설한 아쿠아 아피아*Aqua Appia*다.

수원을 찾으면 제일 먼저 물을 저장하고 정화하는 저장고 카스텔룸 아콰에 *castellum aquae*를 만들었다. 물을 도시로 공급하는 수로 대부분 지하에 설치했지만, 언덕이 많은 능선이나 하천 또는 계곡을 건널 때는 수도교를 세웠다.

로마 외곽 수로 공원 파르코 데리 아쿠에도티*Parco degli Acquedotti*에 가면 원형이 잘 보존된 수도교를 만날 수 있다. 37년 황제 칼리굴라*Caligola*가 건설하기 시작해 52년 클라우디오*Claudio* 황제 때 완성한 8번째 수로 아쿠아 클라우디아*Aqua Claudia*의 일부다.

로마 시내에서 가는 방법은 어렵지 않다. 지하철 A선 수바우구스타*Subaugusta*역에서 하차해 20분 정도 걸어가면 수도교가 나온다. 이곳은 동네 주민이 산책하는 공원이자 하이킹*hiking* 코스이기도 하며, 가끔 패키지 투어*package tour*를 하는 무리가 방문하는 곳이라 번잡함보다는 황량함과 적막이 어울리는 곳이다.

우두커니 서 있는 수도교를 보고 있으면 어느 외딴섬에 와 있는 느낌이 든다. 인간이 만든 건축물이지만 그 앞에서 겸허해진다. 폐허가 된 돌무더기 속에서 사라진 옛 영광의 허무를 찾기보다, 시간을 넘어 앞으로 나아가는 우리네 삶이 어떻게 변할지 더 기대하게 하는 곳이다.

카라칼라 욕장

파르코 데리 아쿠에도티

오렌지빛 물든 로마의 낭만

정신없이 다니다 해가 뉘엿뉘엿 넘어가면 허기지고 지쳐서 호텔로 돌아가고 싶은 마음이 굴뚝같다. 하지만 로마가 또 다른 매력을 발산하는 순간을 즐기기 위해 발길을 돌려야 하는 곳이 있다. 활기찬 낮 시간대 로마 다음으로 붉은 석양이 머무는, 다소 차분하고 낭만적 분위기의 로마를 만날 시간이 왔기 때문이다. 오렌지*orange*빛으로 갈아입은 로마가 멋을 한껏 자랑해, 특유의 색감을 제대로 느낄 수 있는 순간이다.

오렌지빛 로마는 공간이 느껴지지 않는다. 낮 동안 비어 있던 곳에 빛이 찾아 들어와 메워주는 것 같다. 충만한 색으로 우리 마음까지 가득 채운다.

이러한 순간을 즐길 수 있는 대표 장소가 포폴로 광장에 있는 핀초 언덕 테라스 *Terrazza del Pincio*다.

해가 지는 시간이면 많은 사람이 테라스 난간에 모여 산 피에트로 대성당 옆으로 붉은 태양이 사라지는 순간을 즐긴다. 버스커 *busker*가 연주하는 곡은 BGM *background music*이 되어 해 지는 풍경을 진한 낭만으로 물들인다. 난간에 기대 보르게제 공원 트럭에서 파는 맥주 한 모금으로 쉼 있는 여행을 즐기는 모습도 볼 수 있다.

좀 더 한적하게 석양이 깔린 로마를 감상하고 싶다면 아벤티노 언덕에 있는 테라스*Terrazza Belvedere Aventino*로 발길을 옮겨 보는 것도 좋다. 테베레강 너머 트라스테베레 풍경과 멀리 우뚝 서 있는 흰색 비토리오 에마누엘레 2세 기념관*Monumento a Vittorio Emanuele II*이 어우러진 로마 전경을 볼 수 있다.

핀초 언덕 테라스

아벤티노 언덕 테라스

현지인처럼 (로마 일상 속으로)

여행자마다 여행의 정의가 다를 것이다. 나에게 여행은 다른 삶으로 들어가 치유받는 과정이다. 어떤 이에게는 여행지이나, 그곳은 누군가의 일상이고 삶의 터전이기에 열심히 살아가고 있는 모습을 보는 것만으로도 힘이 되고 온기로 채워질 수 있음을 배운다. 그렇다 보니 현지인과 좀 더 가까워질 수 있는 곳을 찾아 발길을 옮기게 된다.

로마 현지인 모습이 궁금하다면

유적지와 관광지를 돌아다니다 보면 로마에 사는 현지인 모습이 궁금해진다. '한 달 살기'가 유행인 것도 현지 삶을 좀 더 가깝고 깊게 들여다보고 싶은 마음이 강해서가 아닐까? 로마에서 한 달 살아보는 것도 좋지만, 잠시나마 머물 때 그 모습을 들여다보는 것도 괜찮다.

테레베강 너머 트라스테베레는 골목마다 정겨움이 묻어나는 곳이다. 화려함과 세련보다 소박과 친근함이 더 많이 느껴진다. 로마 시내에 없는 트램이 달리는 동네다. 소소하게 작은 장이 열리고, 삼삼오오 무리 지어 다니는 학생, 식당과 바르 *bar*에서 대화하는 주민 모습을 심심치 않게 볼 수 있다.

저녁이 되면 로마 젊은이가 모여든다. 흥겨운 음악이 흘러나오는 바르에서 맥주병과 음료 잔을 들고 대화 삼매경에 빠진 이들, 여유롭게 저녁 식사를 즐기는 연인과 외식 나온 가족 또한 보인다. 이 지역 음식값은 강 건너 관광지보다 저렴한 편이다. 사람이 북적이는 저녁 풍경을 즐기고 싶다면 이곳으로 발길을 돌려 보는 것도 좋다.

트라스테베레에 가려면 시스토 다리*Ponte Sisto*를 건너 트릴루사 광장*Piazza Trilussa*으로 향하면 된다. 광장 뒤편이 트라스테베레다. 약속 장소인 광장을 시작으로 골목을 누비다 보면 어느새 정감 어린 동네에 스며드는 자신을 발견하게 된다.

젤라테리아 피오르 디 루나 *Fior di Luna*에서 입맛에 맞는 젤라토를 골라 여유롭게 돌아다니는 것도 좋다.

출출해지면 수플리 로마 *Suppli Roma*에서 갓 튀겨 낸 수플리(안에 다진 고기나 치즈를 넣은 주먹밥 튀김)를 하나 사 가게 앞에서 바로 먹는 재미도 누려보기를 권한다. 사람들이 많이 모여있을 것이다.

이렇게 소소한 재미가 쌓여 나만의 여행을 만든다.

몬티 지구*Rione Monti*는 세련미 있는 빈티지 느낌의 동네다. 산타 마리아 마조레 대성당과 콜로세움 사이 카보우르*Cavour*역 주변 골목에는 평가 좋은 카페와 레스토랑이 모여 있으며, 빈티지 스타일 상점과 디자이너 숍, 갤러리가 곳곳에 있어 구경하는 재미가 쏠쏠하다. 아울러 마실 나온 현지인 모습도 어렵지 않게 볼 수 있다. 해 질 무렵이면 마돈나 데이 몬티 광장*Piazza della Madonna dei Monti*으로 저녁 약속 있는 사람이 몰려든다.

수부라 광장*Piazza della Suburra* 건물 모서리에 라틴어로 명기된 'SVBVRA' 대리석 표지판은 이곳이 고대 로마 시대 수부라 지역이었음을 말해주고 있다. 수부라는 "도시 아래"란 뜻의 수브 우르베*sub urbe*에서 유래하였다. 수부라는 오늘날 리오네 몬티와 에스퀼리노 언덕 사이 지역으로 고대 로마 번화가였던 아르질레툼*Argiletum*을 따라 포로 로마노*Foro Romano*로 연결되어 있었다.

수부라 지역은 번잡하고 위험한 곳이었던 수부라 마이오르*Subura Maior*와, 지대가 좀 더 높고 인구 밀도가 낮아 귀족이나 상원의원이 거주했던 수부라 미노르*Subura Minor*로 나뉘었다.

개발이 더뎌 고풍스러움을 간직한 채 현대적 새로움이 절묘하게 어우러져 힙*hip*한 동네가 몬티 지구다.

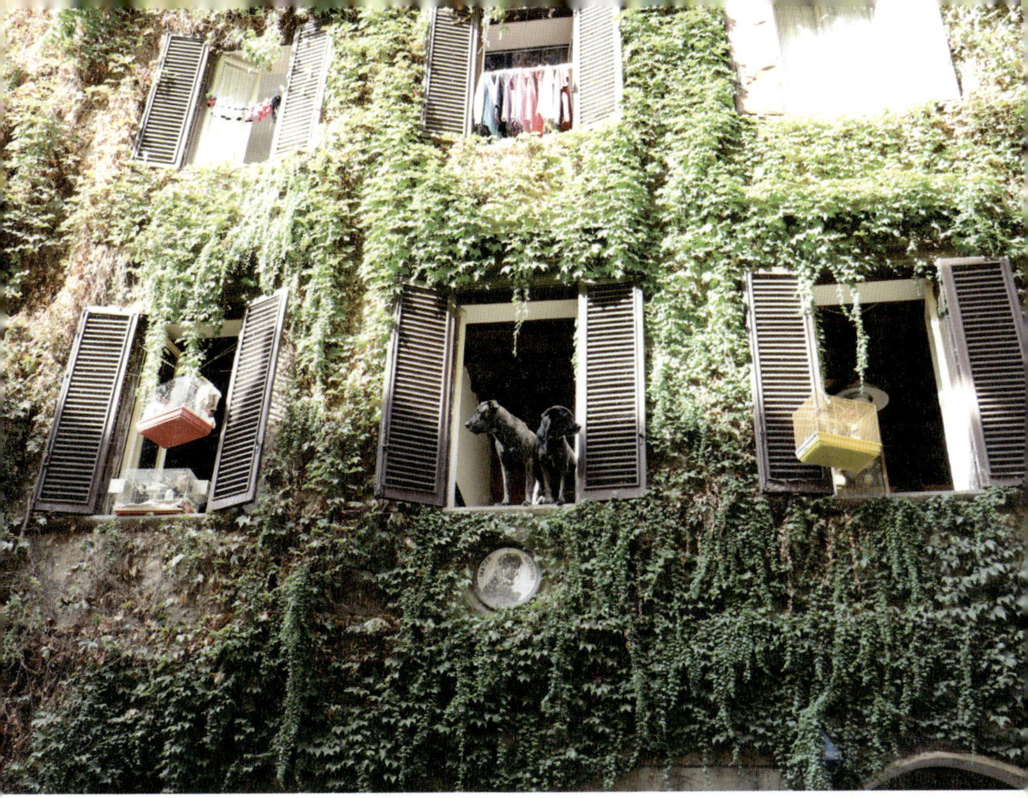

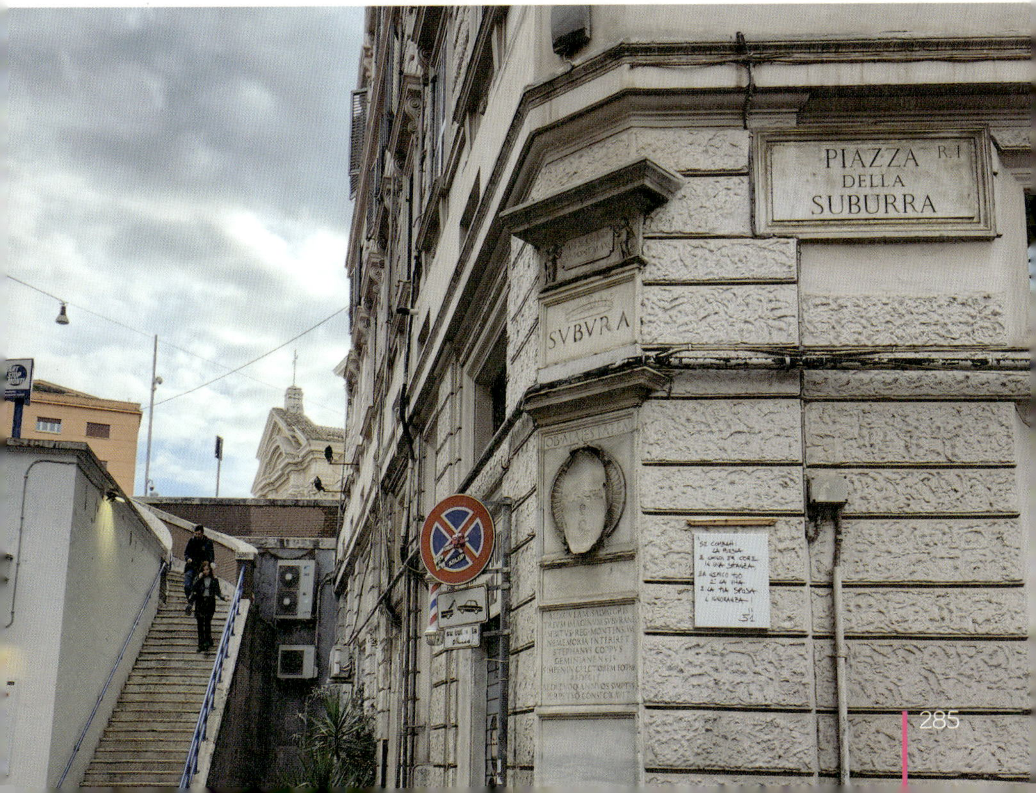
PIAZZA R.I
DELLA
SUBURRA
SVBVRA

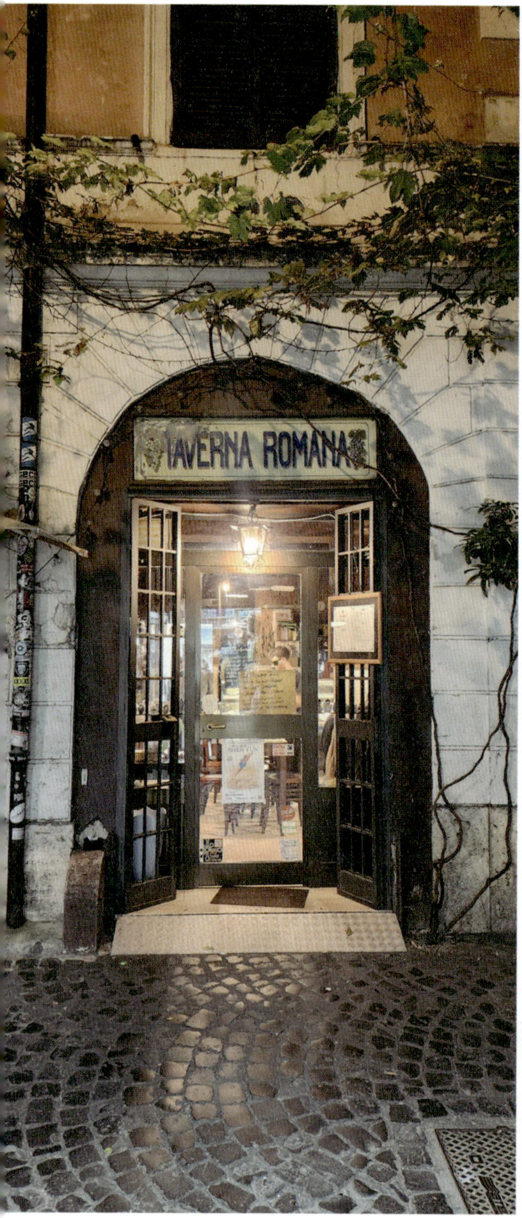
TAVERNA ROMANA
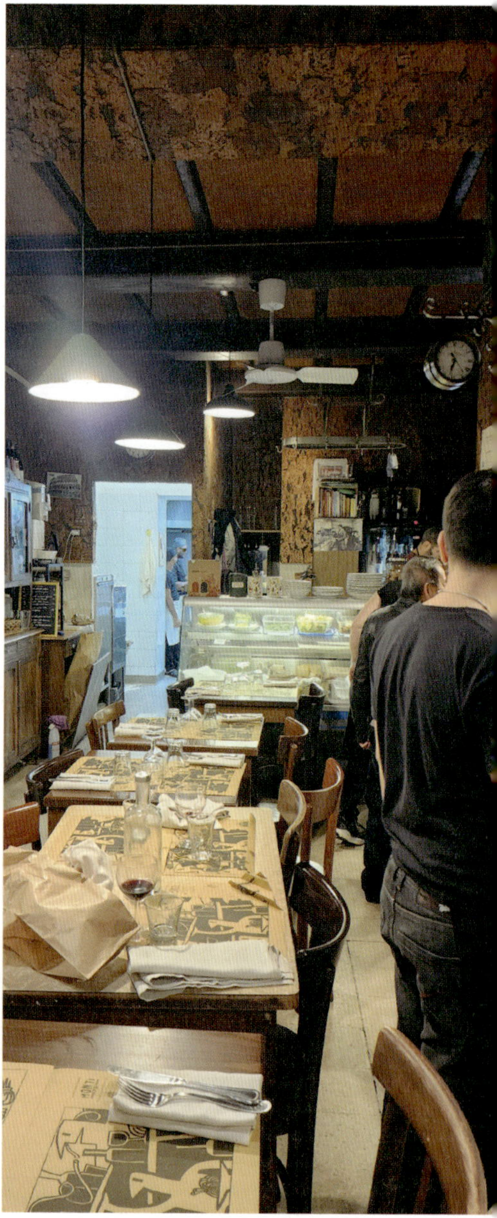

로마 가정식이 궁금하다면 타베르나 로마나 *Taverna Romana*를 추천한다. 꾸밈없는 옛 정감이 그대로 묻어 있다. 어떠한 수식도 필요 없이 수수하다는 단어가 어울릴 로마 음식이 기다린다. 단 현금만 받는다.

트릴루사 광장

피오르 디 루나

수플리 로마

마돈나 데이 몬티 광장

타베르나 로마나

조금 더 로마를 들여다보고 싶다면 트리에스테로

로마 중심부에서 멀어질수록 도심과는 사뭇 다른 모습이 낯설기도 하고 간혹 당황스러울 때도 있다. 그러나 곧 즐거운 발견이 시작된다. 여행을 거듭하며 점점 관광 중심지에서 떨어진 곳에 호텔을 잡았더니 낯설지만, 새로운 발견에 가까워짐을 느꼈다. 선호 지역은 트리에스테 *Trieste* 로, 호텔은 혹스턴 로마 *The Hoxton Rome* 를 주로 이용한다.

트리에스테 지역은 대사관이 밀집되어 있어 깔끔하게 정비된 느낌이다. 로마에 처음 방문했다면 관광지로 이동함에 불편을 느낄 수 있으나, 로마를 다른 시각으로 넓게 누리기에 적당한 곳이다.

동네를 천천히 산책하다 보면 눈길을 끄는 곳이 있다. 색다른 로마 편에 소개했던 콰르티에레 코페데다. 거기서 조금 더 안으로 들어가면 큰 공원이 나오는데, 사보이아 *Savoia* 왕가 여름 별장이었던 빌라 아다 *Villa Ada*다. 영국식 정원의 좋은 예로 꼽히는 곳이며 현재 이집트 대사관이 들어와 있다. 대사관저인 궁전 이외 넓은 정원은 일반에 개방되어 있어 새소리와 나무 냄새를 맡으며 산책을 즐길 수 있다.

트리에스테 거리에서는 이렇듯 정원이 잘 꾸며진 건물을 종종 볼 수 있는데, 궁금하더라도 사적 공간이므로 들어가면 안 된다.

트리에스테 지역에 초기 기독교 시대 지하 묘지인 프리실라 카타콤베*Catacombe di Priscilla*가 있다. 13km 미로에 4만 개 묘소가 있으며 많은 교황과 순교자가 이곳에 매장되어 레지나 카타쿰바룸 *Regina Catacumbarum*(카타콤베의 여왕)이라는 별명으로 불린다. 특히 초기 기독교 예배 장소와 섬세한 벽화가 보존되어 있어 역사 가치가 높다.

유명 카타콤베인 산 칼리스토 카타콤베*Catacombe di San Callisto*에 가려면 로마 외곽으로 이동해야 하는 부담이 있으나, 이곳은 도심과 가까워 다녀올 만하다. 입장료가 있고 가이드와 동행 투어 해야 한다. 참고로 카타콤베 내부 촬영은 안 된다.

관광객 방문이 드문, 아름다운 공간이 트리에스테에 숨어있다. 콘스탄티누스 황제 딸인 콘스탄티나 *Costantina*(콘스탄자)의 석관이 있던 영묘 *MausoLeone di Santa Costanza*다. 중요 기념물로 꼽히는 고대 후기 건축물이다. 건축학적 가치 외에 중앙 돔 12개 창문에서 들어오는 자연광이 오묘한 분위기를 만들고, 복도 둥근 천장을 장식한 포도 수확 장면과 기독교 상징 모자이크가 역사·미학적으로 높은 평가를 받고 있다. 그래서 그런 걸까? 결혼식 장소로도 자주 사용된다고 한다. 영묘 입구 동전통에 동전을 넣으면 복도 모자이크를 더 밝게 볼 수 있도록 불이 들어온다.

콘스탄티나 석관 원본은 바티칸 박물관 내 그리스 십자가의 방 *Sala a Croce Greca*에 있다. 영묘에 놓인 석관은 복제품이다.

295

영묘 옆에 콘스탄티나가 명해 324년 세운 성벽 밖의 성 아그네제 대성당*Basilica di Sant'Agnese fuori le mura*이 있다. 성녀 아그네제 묘지 위에 세운 성당이다. 중앙 제단 오른쪽으로 들어가면 아그네제 무덤을 볼 수 있다.

성녀 아그네제의 순교는 기독교 박해 마지막 시기였던 303년~313년 디오클레티아누스 황제 시기에 일어난 것으로 추정된다. 아그네제는 12세~13세 어린 나이에 신앙을 지키려고, 지금의 나보나 광장인 도미티아누스 경기장*Stadio di Domiziano*에서 순교했다. 나보나 광장 성 아그네제 인 아고네 성당은 이러한 배경에서 세워졌다.

두 성당은 아그네제의 신앙과 순교를 기념하는 장소이며 동시에 초기 기독교와 바로크 건축의 아름다움을 보여 주는 곳이다.

빌라 아다

프리실라 카타콤베

콘스탄티나 영묘

성 밖 성 아그네제 대성당

현지인이 찾는 벼룩시장은 따로 있다

여행자가 호기심을 품고 방문하는 곳 중 하나가 벼룩시장이다. 가끔 해외 토픽에 나오는 것처럼 숨은 골동품을 찾는 행운이 있을지도 모르지만, 흔히 보기 힘든 빈티지 제품을 구경하는 재미가 있다.

로마 여행자에게 잘 알려진 곳으로 포르타 포르테제 *Port Portese*가 있는데, 이곳은 일반적으로 생각하는 벼룩시장과 조금 다르다. 저렴한 제품을 모아 판매하는 큰 시장이나 장물 시장 느낌이 강하다. 둘러보다 보면 아기자기한 골동품을 만날 수 있는 벼룩시장은 없는지 궁금해진다. 다행히 로마에도 우리가 생각하는 그런 벼룩시장이 있다. 방문해 볼만한 두 곳을 소개한다.

바티칸과 가까운 프라티*Prati* 지구 퀴리티 광장*Piazza dei Quiriti*에는 매월 넷째 일요일 골동품 애호가 사이에서 유명한 벼룩시장이 열린다. 40개 넘는 부스*booth*에서 오래된 장난감, 장식품, 가구, 주방용품, 고급 골동품과 고서 및 인쇄물, 골동 시계, 축음기, 도자기, 그림, 액세서리 등을 판매한다.

처음 광장에 들어서면 어떤 물건이 있는지 궁금해 정신없이 돌아다니게 된다. 한 바퀴 돌고 난 후 차분히 마음을 가라앉히고 관심 가는 물건을 찬찬히 구경하다 보면 눈에 띄는 물건을 발견할 수 있다. 여행을 기념할 만한 물건을 찾으면 다른 대체 물품은 없는지 한 바퀴 더 돌아보고 확신이 들면 가격을 흥정한다. 벼룩시장 특성상 가격은 주인 마음이기에 적당한 가격 흥정도 필요하다. 가끔 직접 만든 수공예품을 판매하는 부스가 있는데, 개인적으로 그런 곳은 제작 노고를 생각해 흥정 없이 산다.

쿼리티 광장 위쪽으로 가까운 주세페 마치니 광장*Piazza Giuseppe Mazzini*에 가면 매월 첫째, 셋째 일요일 마치니 광장 정원*Giardini di Piazza Mazzini*에서 열리는 벼룩시장을 볼 수 있다. 수공예품과 허브*herb* 제품, 직접 만든 가공식품류를 판매한다. 분수 가장자리를 따라 부스가 설치되어 있어 천천히 걸으며 구경하기 좋다. 12월이면 매일 크리스마스 마켓*Christmas Market*이 열려 크리스마스 분위기를 한껏 느낄 수 있다.

퀴리티 광장

마치니 광장 정원

로마 제대로 즐기기

로마는 참 방대한 도시다. 단순히 크기로만 이야기하는 것이 아니라, 고대부터 현재까지 이어진 시간의 흔적과 그 자취를 고스란히 품고 있음을 말하는 것이다. 매년 시간을 내 로마에 드나들기 시작한 초보 여행자 시절에는 무엇을 어떻게 해야 제대로 알고 느낄 수 있는지 막연한 때가 있었다. 로마와 친해지려 여러 정보를 찾아보고 이곳저곳 다녔다. 그러던 중 알게 된 것이 있다. 참모습을 알려면 관광지로 접근하지 말고 일상으로 들어가야 한다는 것이었다. 그것은 곧 남다른 접근이었다.

우선 새벽 산책이 있다. 지금은 보편화한 여행 일정이나, 팬데믹 *pandemic* 이전만 해도 낯선 도시를 새벽에 돌아다닌다는 것이 흔하지는 않았다. 그러나 요즘은 유튜브 *YouTube* 와 SNS *social network service* 영향으로 새벽 산책 맛을 알아버린 사람이 많아졌다. 예전처럼 고즈넉하고 한적한 새벽 거리를 볼 수 없지만, 새벽 산책이 주는 묘미는 여전하다.

로마에서 삶을 누리는 이를 만나려면 그들이 자주 찾는 곳에 가면 된다. 사랑방인 바르와 와인바에서 하루를 시작하고 마무리하는 모습을 통해 로마를 좀 더 가까이 느낄 수 있다.

누군가의 즐겁고 따뜻한 시간에 머물렀던 경험이 일상과 행복을 보는 시각, 그리고 서서히 다가오는 삶의 또 다른 가치관을 접하는 계기가 되었다. 어느 순간, 근시안적이었던 시선이 확장되는 것을 알 수 있다.

새벽 로마를 만나자

로마 본연의 모습과 정취를 느끼고 싶다면 이른 아침 거리로 나갈 것을 권한다. 관광지가 아닌 삶의 터전 로마를 볼 수 있다. 관광객 틈에 끼어 어렵사리 보았던 유적지를 오롯이 즐길 수 있을 뿐 아니라, 미처 못 봤던 모습도 발견하게 된다.

낯선 도시에서 새벽에 돌아다니는 것이 조금 두려울 수 있지만, 로마의 하루가 시작되는 시간과 함께할 수 있다. 이른 아침 트레비 분수, 스페인 광장과 나보나 광장, 이 세 곳만 찾아가 사진을 찍어도 충분히 보람 있다.

트레비 분수로 향하는 골목에서 강하고 선명하게 들리는 분수 물소리가 묘한 감흥을 일으키기도 한다. 물소리 따라 점점 걸음이 빨라지면 어느덧 새벽 어스름한 어둠 속에 조명으로 더욱 웅장한 트레비가 나타난다. 복작이던 관광객이 없는 그 순간 트레비 분수는 나만을 위한 장소가 된다.
시간이 잘 맞는다면 분수 속 동전을 거둬가는 모습도 볼 수 있다.

사람들이 없는 스페인 광장도 한 장의 엽서 같은 느낌이 든다. 관광객 없이 홀로 모습을 드러낸 스페인 광장은 정말 운치 있다. 층층이 쌓인 계단과 스페인 계단 위쪽 트리니타 데이 몬티 성당 *Trinità dei Monti*에서부터 바르카치아 분수*Fontana della Barcaccia* 그리고 콘도티 거리*Via dei Condotti*까지 물 흐르듯 이어지는 광경을 끊김 없이 한눈에 담을 수 있어 특별한 시간을 경험하게 될 것이다.

나보나 광장의 이른 아침은 여행객이 점령했던 광장이 로마인에게 돌아오는 시간이다. 광장 트랙을 따라 무리 지어 뛰는 사람, 애완견과 산책하며 이웃과 담소하는 이들을 보면 광장 주인이 누구인지 새삼 느끼게 된다. 번잡하기만 했던 광장이 평온하고 따뜻한 느낌으로 다가온다. 아침 산책을 마치고 아무 바르에나 들러 커피 한 잔에 코르네토*cornetto*(크루아상)를 곁들인 콜라치오네 *colazione*(아침 식사)를 해보면 또 다른 여행의 기쁨을 맛볼 수 있다.

트레비 분수

스페인 광장

나보나 광장

그들의 사랑방, 바르

요즘 추구하는 여행 스타일을 보면, '관광객티 내기' 보다 지역 사람처럼 그들 삶에 녹아들거나 동화하는 방향으로 점점 바뀌는 것 같다. 이런 추세를 반영하는 것이 '한 달 살기'가 아닐까 싶다. 긴 시간을 들여 좋아하는 여행지에서 생활해 보는 것도 좋지만, 짧은 시간이나마 현지 삶에 가까운 곳으로 찾아가는 것도 즐거운 경험이 된다.

현지 생활에 다가갈 수 있는 가장 간단한 방법은 동네 어디서나 쉽게 만날 수 있는 바르에 가는 것이다. 동네 사랑방 역할을 하는 곳이라 잠시 머물면 지역민 일상을 접할 수 있다. 이탈리아 사람은 바르에서 간단하게 코르네토와 카푸치노 *cappuccino* 또는 카페 라테 *caffè latte* 로 아침을 해결하기도 하며, 에스프레소 *espresso* 한 잔으로 오후의 나른함을 달래기도 한다.

SNS에서 유명한 카페보다 오래전부터 동네에 자리 잡고 있는 바르를 추천한다. 사랑방이자 수다 방앗간인 바르여야 진짜 동네 사람을 만날 수 있기 때문이다. 혹여 누군가 말을 붙여와도 이탈리아어를 모른다고 걱정할 필요 없다. 사람 사는 곳 다 똑같다. 자기 동네 찾아온 방문자를 박대할 사람은 없다. 그들이 베푸는 따스한 관심과 배려가 마음에 온기를 채워줄 것이다.

커피 주문 방식을 알아두면 좋다. 일단 서서 마시느냐 아니면 테이블에 앉느냐에 따라 가격이 달라진다. 이른바 자릿값이 따로 있기 때문에 서서 마실 때와 자리 잡고 앉을 때 금액 차이가 발생할 수 있다.

주문 방법은 간단하다. 계산대에서 원하는 음료값을 내고 영수증을 바리스타*barista*에게 보여주면 된다.

보통 이탈리아 사람은 아침에 우유가 들어간 카푸치노나 카페 라테를 마시고, 점심시간 이후에는 에스프레소를 마신다. 많은 사람이 이탈리아인은 진한 에스프레소를 그대로 마신다고 생각하는데, 그렇지 않다. 때에 따라 다르긴 하나, 에스프레소와 같이 나온 설탕 한 봉지를 다 털어 넣어 마시는 사람을 쉽게 볼 수 있다. 이탈리아에서 카페 라테를 주문할 때, 우리나라에서 주문하듯 그냥 '라테'라고 하면 우유가 나온다. 물론 바리스타도 무얼 말하는지 눈치채서 다시 물어보기도 하지만, 이탈리아어로 라테*latte*는 "우유"를 뜻하므로 카페 라테라고 주문해야 한다. 간혹 카페 마키아토*Cafe Macchiato*라고 이야기하는 바리스타도 있으나 별 차이 없을 것이다(카페 마키아토는 카페 라테에 비해 우유가 적게 들어간다).

코로나 COVID-19 팬데믹을 거치며 변한 것이 많다. 이전에는 이탈리아 바르나 카페에서 커피를 일회용 컵에 담아 들고 나가는 것을 상상도 할 수 없었다. 하지만 요즘은 주문할 때 매장에서 마실 것인지 가지고 갈 것인지를 묻는 경우가 많아졌다. 일정에 쫓기지 않는다면 가능한 한 매장 안에서, 데운 컵에 서비스되는 커피를 추천한다. '무슨 차이가 있을까?' 하는 생각이 들 수도 있으나, 정말 큰 차이가 있다. 커피를 담는 컵이 어떠냐에 따라 맛이 확연히 달라지기도 한다. 컵 온도가 얼마나 잘 유지되느냐에 커피가 주는 감동이 달라진다. 커피 본고장인 이탈리아에서 제대로 된 커피 맛을 즐기고 싶다면 꼭 매장에서 마시기를 권한다.

만일, 로마에서 딱 한 곳에서만 커피를 마셔야 한다면 제일 먼저 떠오르는 곳이 있다. 바로 파로 *Faro - Caffe Specialty* 다.

바르보다 카페에 가까운 파로는, 현지인 사이에서 맛집으로 통한다. 관광지를 벗어난 동네에 있어 여행객이 찾아가기에 조금 거리가 있지만, 커피 맛이 정말 탁월하다. 로마에 스페셜티 커피 *Specialty Coffee* 를 처음 들여온 곳이라 원두가 특별하다. 이곳 원두를 사용하는 카페를 심심찮게 본다. 간단하게 바에서 커피를 마실 수도 있고, 자리에 앉아 가벼운 식사를 할 수도 있다. 워낙 맛집이다 보니 정신없을 만큼 북적이지만, 날씨 좋은 날 노천 테이블에 앉아 시간을 보내는 것도 좋다.

여행에서 돌아와 여운을 길게 누리고 싶거나 선물을 고민하고 있다면 이곳 원두를 추천한다. 드립용 원두를 판매하고 있어 나를 위해 그리고 지인에게 선물하기 안성맞춤이다.

파로

오후의 여유, 아페리티보

이탈리아 사람은 와인 한 잔만 들고도 오래 이야기할 수 있다. 퇴근 무렵 로마 골목을 지날 때, 작은 와인 바 앞에서 잔을 들고 열심히 대화하는 현지인 모습을 자주 마주친다. 소소하고 다정한 공간에서 저녁 식사 전 일과를 마무리하는 이들의 모습은 낯설면서도 정겹고 이국적인 풍경이다.

이탈리아에는 아페리티보 *aperitivo* 라고 하는 식전주 문화가 있다. 늦은 시간에 저녁을 시작하는 이탈리아 사람은 식사 전 간단하게 알코올 *alcohol* 음료를 즐긴다.

해피 아워 *happy hour* 를 정해 아페리티보를 선보이는 매장에서는 일정값에 알코올음료 한 잔과 핑거 푸드 *finger food* 를 제공하기도 하고, 전망 좋은 테라스나 루프톱 *rooftop* 같이 알코올음료 외 기타 음식에 추가 비용을 내야 하는 곳도 있다. 로마에서 한 번쯤 아페리티보를 즐겨 보기를 권한다. 하루가 저무는 로마의 아름다운 모습을 보며 현지인 틈에서 가볍게 와인 한 잔 즐기는 것도 좋은 추억이 될 것이다.

가장 많이 남은 여행 기억은 내 일상과 맞닿은 풍경이었다. 그 소탈한 추억이 일상을 살아가는 힘과 위로가 되어 하루를 지탱하는 버팀목이 되기도 한다. 여행은 거창한 무언가가 아니라 누군가의 일상에 나의 일상이 투영되고, 그것을 돌아보며 치유되고 위로받는 시간이다. 로마 역사를 따라가는 것도 뜻깊고 자신을 풍성하게 다듬는 재료가 되지만, 실제 현지 삶에 가까이 다가가 보는 것 또한 여행의 멋을 재창조하는 시간이 된다.

아침을 달리는 로마노

로마에 갈 때마다 마음먹지만 행동에 옮기지 못하는 것이 있다. 바로 아침 조깅이다. 새벽에 일어나 나보나 광장, 스페인 광장, 트레비 분수 등 시내 산책은 잘하면서 조깅은 쉽사리 되지 않는다. 그럼에도 꼭 한 번은 해 보고 싶다. 새벽 산책을 할 때 이른 아침 로마 시내를 달리는 로마노*romàno*(로마 사람)를 자주 만나게 된다. 로마 시내 유적지를 배경으로 달리기도 하고, 이슬 내린 보르게제 공원을 뛰는 이도 많다. 아침 조깅을 실행하는 그날을 생각하며 정해놓은 코스를 소개해 볼까 한다.

가장 먼저 떠오르고 또한 달려보고 싶은 곳은, 베네치아 광장에서 콜로세움으로 가는 비아 데이 포리 임페리알리*Via dei Fori Imperiali*다. 곧게 뻗은 도로 끝에 서 있는 콜로세움을 바라보며 고대 로마 흔적인 포룸*forum*(포럼) 사이를 달리는 기분과, 콜로세움에 다가갈수록 느끼는 웅장함에 더해 떠오르는 해로 점점 선명해지는 실루엣*silhouette*은 어떤 느낌일까 궁금하다. 같은 풍경이라도 보는 시간대에 따라 와닿는 감상이 달라진다. 한낮 볕이 든 포룸은 그저 무너져 내린 돌덩어리처럼 보이기도 하지만, 아침 여명에 드러난 포룸은 역사 흔적, 영광이 지나간 자리로 다가온다. 길지 않은 시간 뛴다면 콜로세움을 돌아 베네치아 광장으로 오는 것이 괜찮다.

조금 더 뛰고 싶다면 콜로세움 근처 대전차 경기장인 치르코 마시모*Circo Massimo*로 향해 보자. 콜로세움과 포로 로마노에서 볼 수 없는 팔라티노 언덕 전경을 한눈에 담을 수 있다.

콜로세움을 전환점 삼아 베네치아 광장으로 돌아온 후 아쉬움이 남는다면, 비토리오 에마누엘레 2세 기념관과 포로 로마노 사잇길인 비아 디 산 피에트로 인 카르체레 *Via di S. Pietro in Carcere*에 가 보자.

이 길은 포로 로마노를 한눈에 볼 수 있는 곳으로 작품 사진을 찍을 수 있는 포인트이기도 하다.

포로 로마노 전경이 펼쳐지는 또 다른 포인트는 캄피돌리오 광장 끝 쪽이다. 여기에서 바라보는 포로 로마노도 장관이다. 아침 여명에 드러나는 유적을 조용히 감상하는 것도 상당히 좋다.

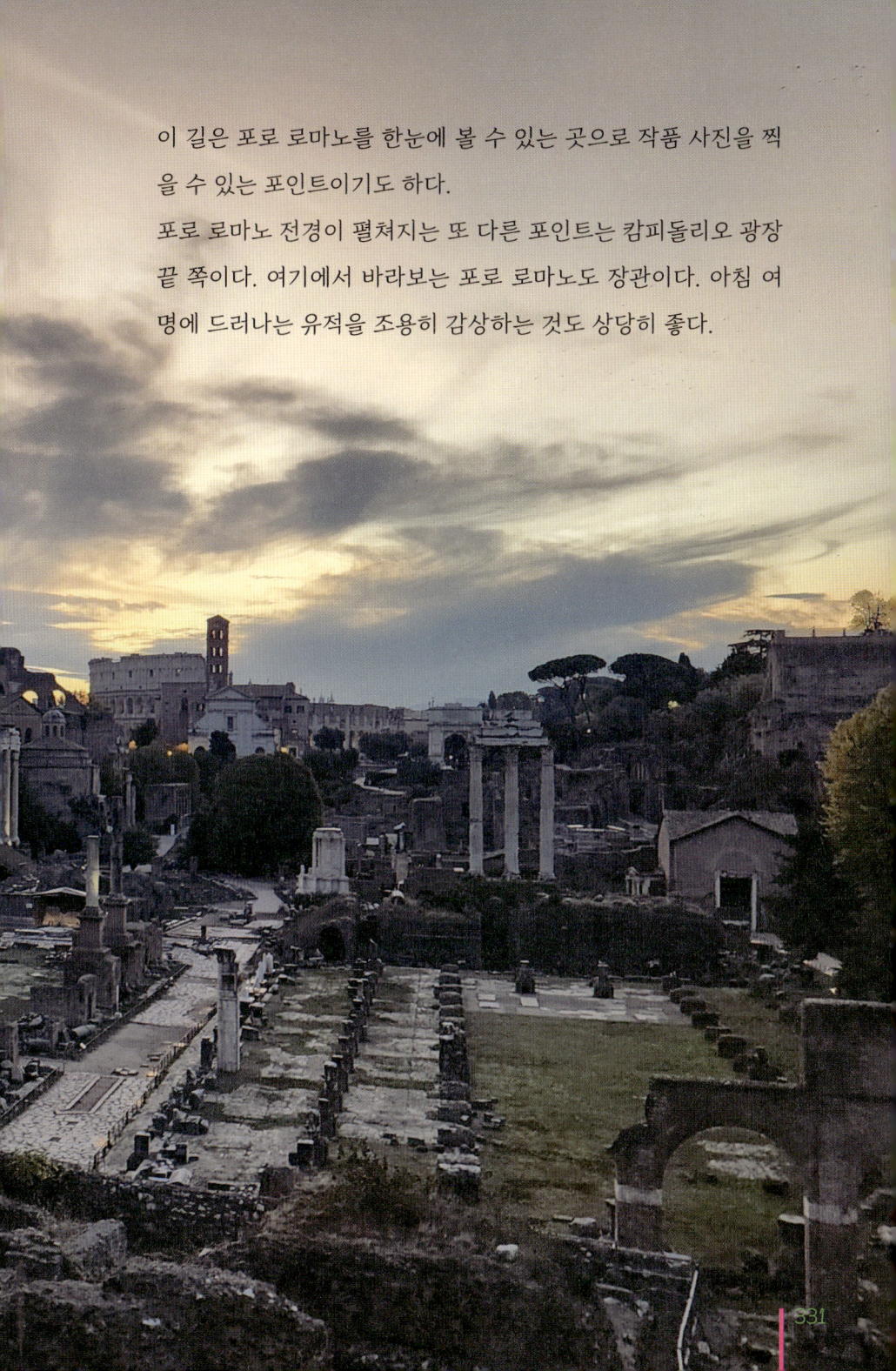

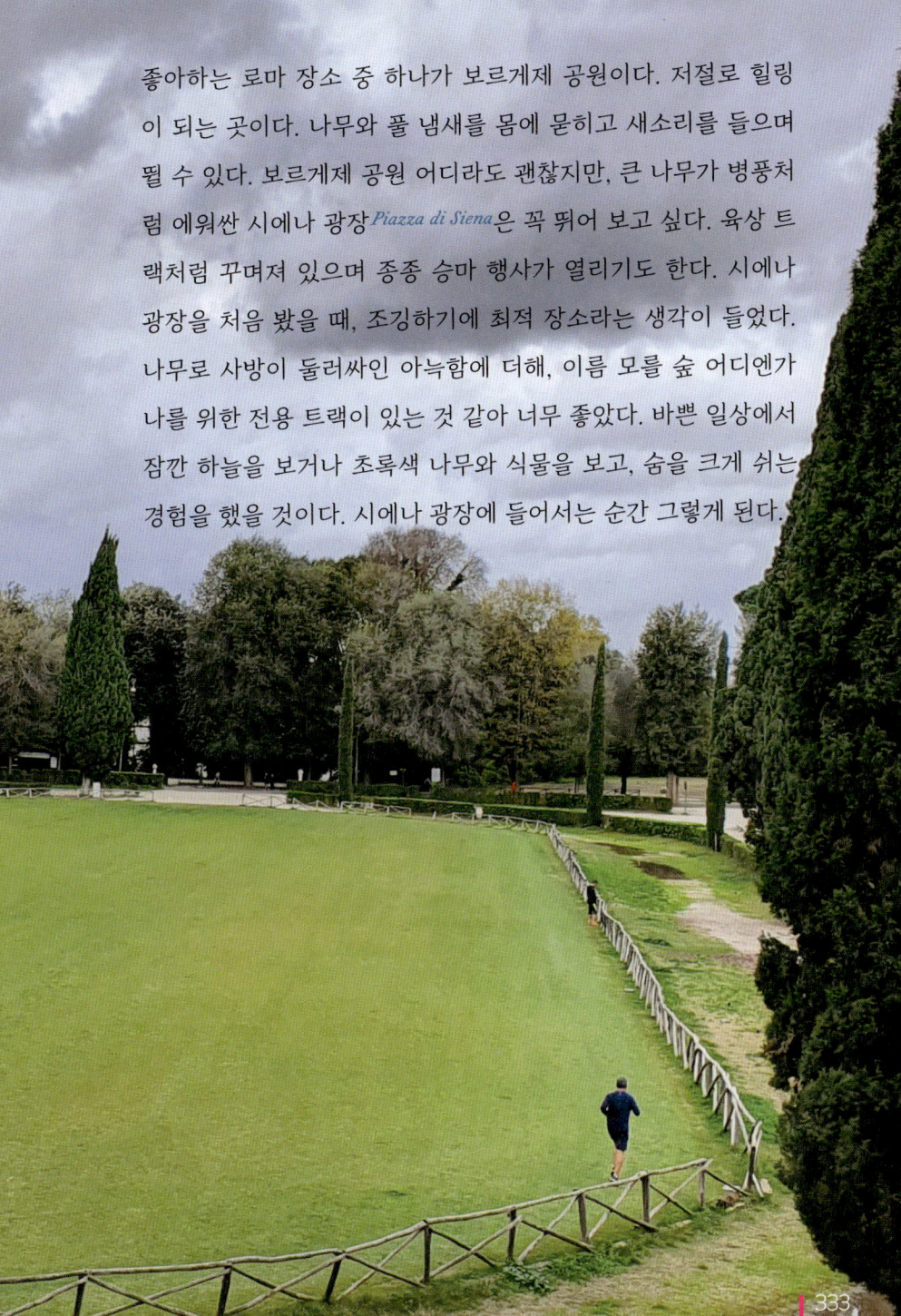

좋아하는 로마 장소 중 하나가 보르게제 공원이다. 저절로 힐링이 되는 곳이다. 나무와 풀 냄새를 몸에 묻히고 새소리를 들으며 뛸 수 있다. 보르게제 공원 어디라도 괜찮지만, 큰 나무가 병풍처럼 에워싼 시에나 광장 *Piazza di Siena*은 꼭 뛰어 보고 싶다. 육상 트랙처럼 꾸며져 있으며 종종 승마 행사가 열리기도 한다. 시에나 광장을 처음 봤을 때, 조깅하기에 최적 장소라는 생각이 들었다. 나무로 사방이 둘러싸인 아늑함에 더해, 이름 모를 숲 어디엔가 나를 위한 전용 트랙이 있는 것 같아 너무 좋았다. 바쁜 일상에서 잠깐 하늘을 보거나 초록색 나무와 식물을 보고, 숨을 크게 쉬는 경험을 했을 것이다. 시에나 광장에 들어서는 순간 그렇게 된다.

뛰고 싶은 마지막 코스는 포폴로 광장에서 시작해 스페인 광장과 나보나 광장을 거쳐 캄포 데 피오리에 이르는 길이다. 현지인과 함께 일상을 시작하는 느낌을 받을 수 있다.

포폴로 광장은 테르미니역 *Stazione di Roma Termini*이 생기기 전까지 로마 방문객이 제일 먼저 거치는 곳이었으며, 북쪽 관문인 포폴로 문 *Porta del Popolo*을 통해 로마에 들어왔다. 이른 아침 포폴로 문을 지나 광장을 가로질러 출근이나 등교하는 사람을 볼 수 있다.

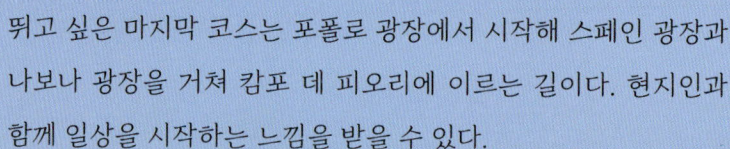

포폴로 광장에서 세 갈래로 쭉 뻗은 도로 중 제일 왼쪽에 있는 비아 델 바부이노*Via del Babuino*를 뛰면 스페인 광장이 나온다. 이른 아침 스페인 광장은 고요하고 한적하다. 소란스러운 한낮과 사뭇 다른 느낌을 받을 것이다.

나보나 광장은 처음 로마에 갔을 때 잊지 못할 광경을 선물했던 곳이다. 그래서 어디보다 특별하다. 광장에 자연스럽게 녹아든 현지인을 보면 일상의 소중함이 새삼스러워지고 조용한 광장에 울려 퍼지는 분수 소리 또한 새롭게 들린다. 광장 주변 골목 바르에서 커피잔 부딪히는 소리가 특히 좋다. 짤막하고 경쾌한 소리가 기분을 좋게 한다. 일상으로 돌아와 커피잔 부딪히는 소리를 들으면 로마가 떠오르고 다시 가고픈 마음이 든다.

캄포 데 피오리 광장을 마지막 코스로 잡은 이유는 새벽부터 열리는 재래시장 때문이다. 오후 2시~3시에 파장해 늦게 가면 구경할 수 없다. 여행지 재래시장이나 슈퍼마켓*supermarket*에는 우리나라에 없는 식자재가 많아 보는 재미가 쏠쏠하다. 조깅을 마치고 시장에서 산 과일이나 즉석에서 짜주는 생과일주스를 들고 숙소로 돌아간다면 그 길이 꽤나 상쾌할 것이다.

비아 데이 포리 임페리알리

치르코 마시모

비아 디 산 피에트로 인 카르체레

시에나 광장

비아 델 바부이노

캄포 데 피오리

식자재 천국, 이탈리

자국 음식 자부심이 강한 나라 중 하나가 이탈리아다. 그렇다 보니 질을 중요하게 생각하고 식자재 종류도 다양하다.

시장이나 마트^{mart}를 구경하다 보면 사고 싶은 충동을 불러일으키는 것이 많지만, 제품 정보 부족이나 꼭 사야 하나 싶어 망설일 때가 있다. 그러나 귀국 항공편 수하물 무게를 생각하지 않고 카트에 물건을 담고 있는 손을 말려야 하는 곳이 있다. 식자재 천국이라 부를만한 이탈리^{Eataly}다. 로마 시내에서 조금 떨어져 있으나 이탈리아 요리와 관련된 것이 모두 있다.

건물 한가득 이탈리아 식자재와 조리 기구를 판매하고 있고 식당도 있다. 다양한 파스타*pasta* 면과 오일*oil*, 소스*sauce* 그리고 와인, 치즈*cheese, formaggio*와 프로슈토*prosciùtto*, 절인 올리브 등을 판매하고 있어 요리에 관심이 있다면 절대 놓쳐서는 안 되는 곳이다. 아울러 검증된 제품이 대다수라 품질 염려도 없다.

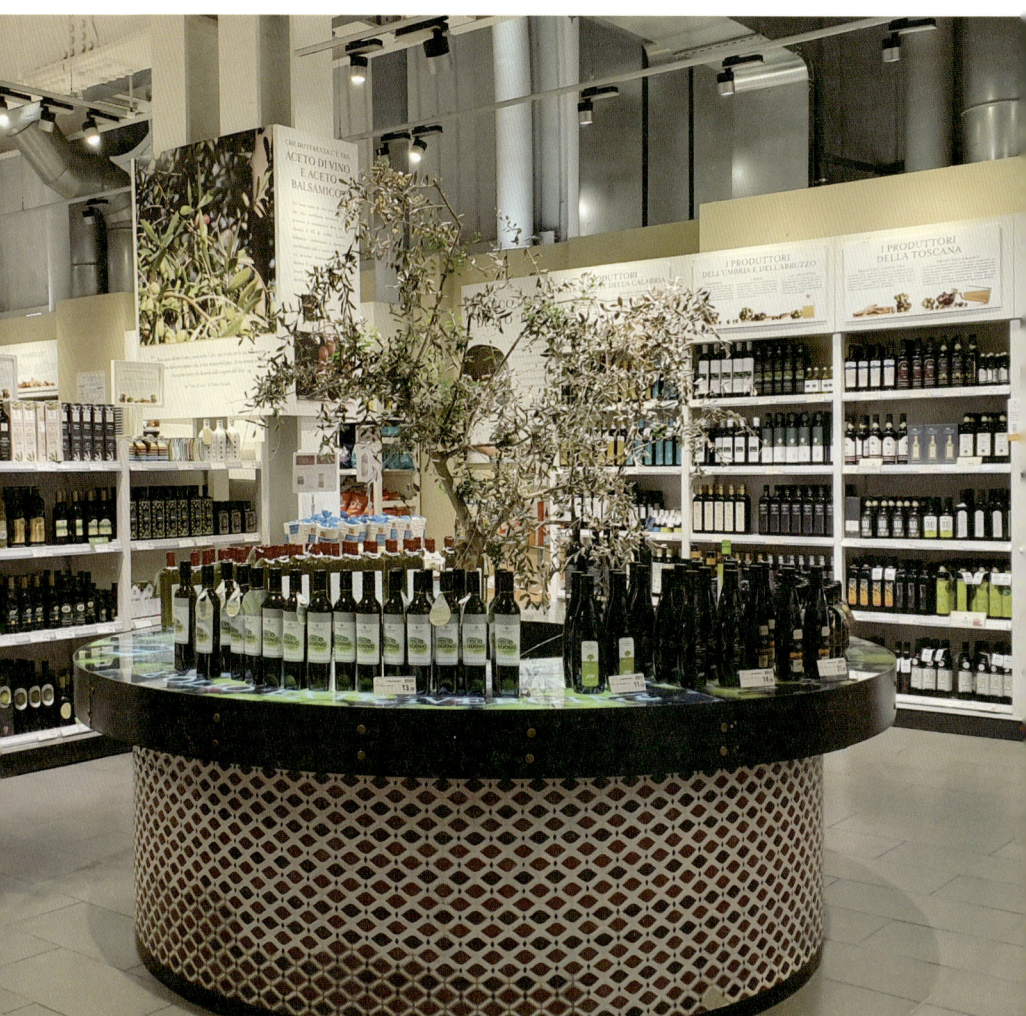

로마에 갈 때마다 들러 파스타 소스와 면을 사 온다. 우리나라에 돌아와 스파게티를 만들면 잠시나마 이탈리아를 식탁으로 소환할 수 있다. 지인 선물을 고민한다면 이곳에서 파는 트러플*truffle* 소금과 개별 포장된 파스타 건면도 괜찮다.

다양한 지역 와인을 한 자리에 모아놓은 섹션 *section*이 따로 있다. 와인을 즐긴다면 특히 좋아할 것이다. 요리에 무관심해도 자제력을 잃게 하는 곳이 이탈리다. 우리나라에도 들어와 있지만, 규모와 제품 구성력을 볼 때 로마 이탈리를 따라가기 힘들다.

중심지 외곽에 있어 동선과 시간이 중요한 여행자는 가기 어려울 수 있다. 테스타치오 지역 또는 성 밖 바오로 대성당 일정이 있을 때 같이 엮어 방문할 것을 추천한다. 물론 따로 시간 내도 된다. 취사 가능한 숙박 시설에 머문다면 간단하게 장을 봐서 돌아가는 것도 괜찮다. 장바구니에 담아 온 와인과 치즈, 프로슈토, 절인 올리브가 로마의 밤과 추억을 풍성하게 해 줄 것이다.

이탈리

345

로마를 즐기는 또 다른 방법

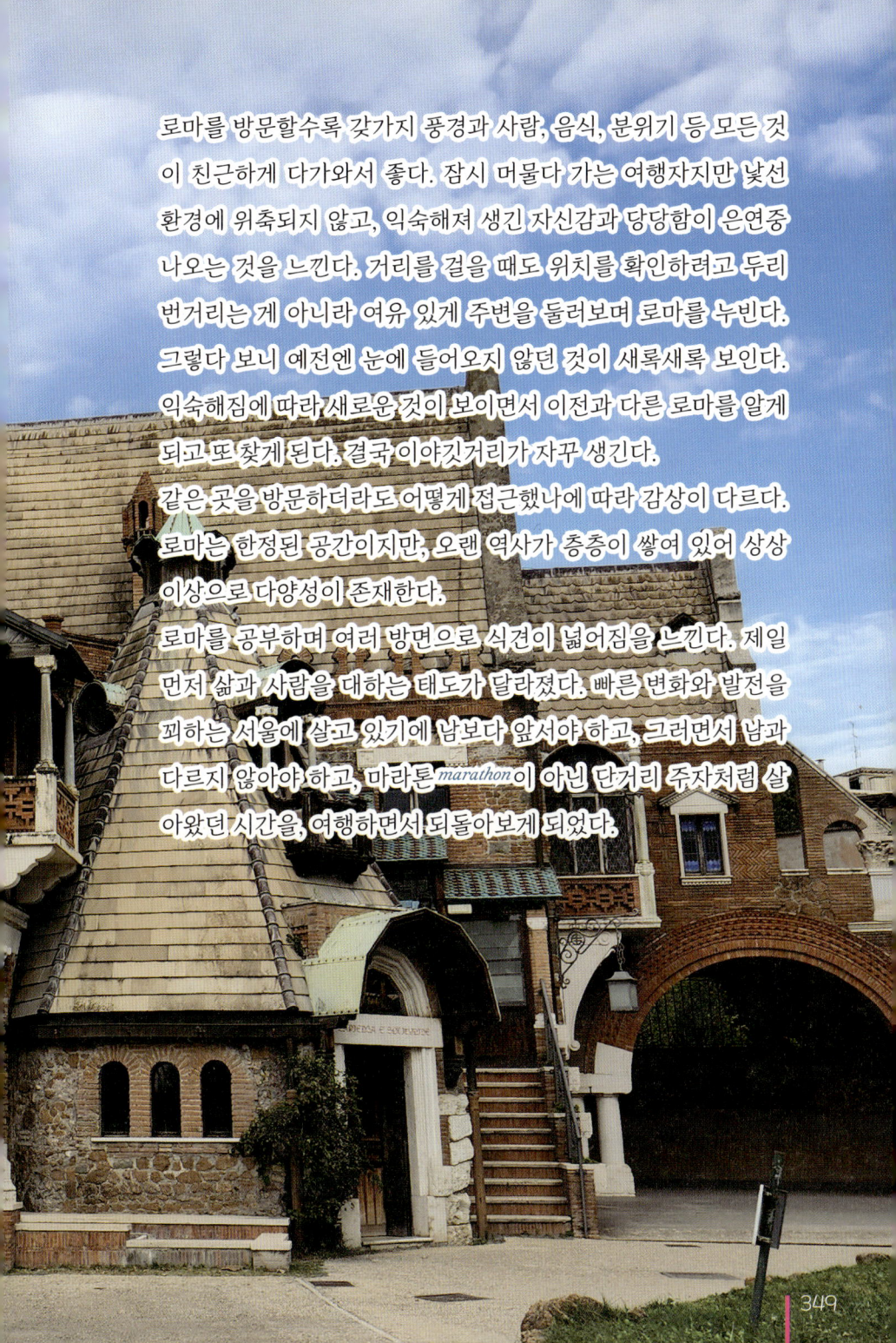

로마를 방문할수록 갖가지 풍경과 사람, 음식, 분위기 등 모든 것이 친근하게 다가와서 좋다. 잠시 머물다 가는 여행자지만 낯선 환경에 위축되지 않고, 익숙해져 생긴 자신감과 당당함이 은연중 나오는 것을 느낀다. 거리를 걸을 때도 위치를 확인하려고 두리번거리는 게 아니라 여유 있게 주변을 둘러보며 로마를 누빈다. 그렇다 보니 예전엔 눈에 들어오지 않던 것이 새록새록 보인다. 익숙해짐에 따라 새로운 것이 보이면서 이전과 다른 로마를 알게 되고 또 찾게 된다. 결국 이야깃거리가 자꾸 생긴다.

같은 곳을 방문하더라도 어떻게 접근했나에 따라 감상이 다르다. 로마는 한정된 공간이지만, 오랜 역사가 층층이 쌓여 있어 상상 이상으로 다양성이 존재한다.

로마를 공부하며 여러 방면으로 식견이 넓어짐을 느낀다. 제일 먼저 삶과 사람을 대하는 태도가 달라졌다. 빠른 변화와 발전을 꾀하는 서울에 살고 있기에 남보다 앞서야 하고, 그러면서 남과 다르지 않아야 하고, 마라톤 *marathon*이 아닌 단거리 주자처럼 살아왔던 시간을, 여행하면서 되돌아보게 되었다.

하는 일이 즐겁기보다 버거운 고행처럼 느끼는 이가 많다. 나도 마찬가지였다. 그래서 도피처인 로마로 매년 여행을 떠났다. 로마에서 누군가를 만날 때마다 삶을 온전히 영위한다는 것이 무엇인지 굳이 듣지 않아도 표정과 태도에서 느낄 수 있었다. 그 모습이 유독 도드라져 보였고, 어떻게 삶을 다스려야 하는지 깨닫게 되었다.

여행을 통한 생각 변화는 삶의 방향과 질을 바꿔주는 방향타가 되었다. 그뿐만 아니라 나를 힘들게 하는 요소를 제거하는 결단력과 실행을 가져다주기도 했다. 여행 중 만난 사람이 전한 온기는 일상에서 사람을 대하는 온도를 높여주었고 태도 또한 바꿔주었다. 낯선 이에게 작은 호의를 베풀거나 먼저 인사를 건네는 것이 어렵지 않게 되었다. 사람 사이 진정성을 더 높여주었다.

로마는 공부할 것이 많아 자만과 오만을 갖지 못하는 곳이다. 대신 지식의 곳간을 하나씩 채워 나가는 재미를 알게 하는 곳이다. 하나를 알면 두 개가 보이고, 그 두 개를 통해 또 다른 것을 공부하게 되는 곳. 나에게 로마는 그렇다. 더 많이 알고 가까워지려 부단히 노력하다 보니 때로는 선생님으로, 종종 친구로, 그리고 마음 넓은 위로자로 곁에 있음을 느낀다.

로마를 단편적으로 만난 후에 전부를 판단하지 않았으면 한다. 보이는 것만으로 정의하기에는 너무나 많은 것이 녹아있다. 땅 밑 지질층처럼 오랜 역사와 이야기가 쌓여 있어 파면 팔수록 새로운 것이 나오는 곳. 그곳이 로마이기 때문이다.

올빼미 집

남다르게 콜로세움을 즐기는 방법

로마를 떠올릴 때 빼놓을 수 없는 곳이 콜로세움*Colosseum, Colosseo*이다. 콜로세움은 고대 로마 원형 극장으로 5만 명을 수용할 수 있었던 거대 건축물이다. 네로 황제 죽음 이후 혼란스러웠던 로마를 정비하고 황제가 된 베스파시아누스*Vespasianus*가 72년 착공, 그의 아들 티투스*Titus* 황제가 완성하였다. 콜로세움에서는 검투 경기뿐 아니라 모의 해전, 맹수 사냥 등 대중 공연이 열렸다.

콜로세움의 원래 명칭은 '암피테아트룸 플라비움*Amphitheatrum Flavium*'이었다. 콜로세움으로 불리게 된 것은 원형 극장 옆에 거대한 네로 동상이 있어 "거대한 동상"이란 뜻의 라틴어 '콜로수스*Colossus*'에서 유래했다는 설과 "거대한"이란 뜻을 지닌 이탈리아어 '콜로살레*Colossale*'에서 나왔다는 설이 있다.

콜로세움은 건축학적으로 큰 의미가 있는 건축물이다. 콘크리트 아치 구조와 방사형 좌석 배치, 효율적인 동선 설계 등 로마 건축의 정수를 보여 준다.

콜로세움은 단순 오락 시설이 아니었다. 황제 권력의 정당성을 대중에게 각인시키는 동시에 로마 시민의 정치 관심을 분산시켜 사회 불만을 억제하는 도구로 활용되었다. 당시 사회상을 보여주는 표현이 '파넴 에트 치르첸세스*Panem et Circenses*(빵과 서커스)'다. 황제는 빈곤층에게 곡물을 무료 배급해 하층민의 충성심을 유도하고 폭동 같은 사회 불안이 일어나지 않도록 하였다. 아울러 전차 경기, 검투 시합, 맹수 사냥, 연극과 같은 대규모 공공 오락 행사를 열어 정치로 향하는 관심과 비판 의식을 무디게 만들었다. 이러한 정치적 목적에는 많은 희생이 따랐다.

콜로세움 완공 개장 행사 100일간 수천 명의 사람과 5,000마리 이상 야생 동물이 목숨을 잃었다. 이후 수 세기 동안 이곳에서 최소 수만 명에서, 많게는 수십만 명이 희생되었을 것으로 학자들은 보고 있다.

콜로세움은 로마 건축 기술과 예술의 집합체지만, 인간 야망과 로마 제국의 잔혹함에 희생된 사람들 피로 얼룩진 곳이다. 몬티 지구와 베네치아 광장을 거닐면 도로 끝에 우뚝 서 있는 콜로세움이 보인다. 그 위용이 압도적이나 겉으로 드러난 콜로세움만 보고 감탄하기에는 안에 가라앉은 고통이 크다.

콜로세움 입장권은 온라인으로 예매하거나 현장에서 살 수 있다. 시간을 절약하고 체력 비축을 생각해 여행 전 온라인 예매를 적극 추천한다. 콜로세움 입장권은 포로 로마노와 팔라티노 언덕까지 입장할 수 있는 통합권이다.

예약 옵션이 여러 개 있는데, 콜로세움 지하를 방문할 수 있는 투어(FULL EXPERIENCE - UNDERGROUND LEVELS AND ARENA)를 권한다. 지하에 검투사가 대기하던 공간과 동물을 지상으로 올려보냈던 엘리베이터를 볼 수 있다. 또한 콜로세움 무대인 아레나 *arena*에 입장할 수 있다. 직접 아레나에 서서 콜로세움을 바라보다 문득 여기에 모였던 군중의 함성이 아레나에서 진동으로 느껴졌을 수 있었겠다는 생각이 들었다.

콜로세움은 거대한 오락장이자 수많은 사람이 신념을 지켰던 순교지이기도 하다. 단순히 건축물로만 만나기보다 그곳에 깃든 역사, 이야기와 함께한다면 의미가 남다를 것이다.

거대한 콜로세움을 사진에 잘 담아가고 싶은데, 마음만큼 만족스러운 결과물이 나오지 않아 속상할 때가 있다. 콜로세움을 사진 한 장에 담으려고 고민하다 찾은, 사진 찍기 좋은 곳을 소개해 볼까 한다.

비슷한 높이에서 콜로세움을 온전히 찍기 원한다면 포로 로마노에 있는 '비너스와 로마 신전*Tempio di Venere e Roma*' 앞을 추천한다. 콜로세움을 고스란히 눈에 담을 수 있는 전망대이기도 한 이곳은 사람들이 덜 붐벼 사진 찍기도 수월한 편이다.

또 다른 곳은 육교처럼 보이는 안니발디 다리*Ponte degli Annibaldi*다. 이곳은 콜로세움으로 향하는 도로와 함께 전경을 찍을 수 있다. 개인적으로는 포로 로마노의 '비너스와 로마 신전'을 선호한다. 콜로세움 외형을 다른 구조물의 방해 없이 담아낼 수 있어서다.

콜로세움

로마 궁전이 궁금하다면

거리를 거닐다 시내에 있는 궁전 내부가 궁금한 적이 있다. 지금은 상당수 궁전을 미술관이나 공공 기관 사무실로 사용하고 있음을 알기에 안에 들어가 보기도 하지만, 초보 여행자 시절에는 마땅히 갈 곳을 몰라 궁금함만 쌓기도 했었다. 이를 해소했던 곳이 베네치아 광장 근처 콜론나 궁전*Palazzo Colonna*이었다.

콜론나 궁전은 지금까지 명맥을 이어오고 있는 로마 귀족 콜론나 가문 소유 궁전으로 일반에 개방하는 공간을 제외하고 가문 일원이 사용 중이다.

콜론나 궁전은 여러 세기에 걸쳐 지어져 다양한 건축 양식이 공존한다. 1417년 오도네 콜론나*Oddone Colonna*가 교황(마르티노 5세 *Martino V*)에 선출되면서 교황청 거처로 삼아 11년 동안 사용하기도 하였다.

대중에 공개하는 곳은 갈레리아 콜론나*Galleria Colonna*와 아파르타멘토 프린시페사 이사벨레*Appartamento Principessa Isabelle*인데, 갈레리아 콜론나는 영화 「로마의 휴일」 마지막 기자 회견 장면을 찍었던 그레이트 홀*Great Hall*이 있는 곳이다.

갈레리아 콜론나는 로마 바로크 예술의 면모를 보여 주는 곳으로 1600년대 중반 지롤라모 1세 콜론나*Girolamo I Colonna* 추기경과 조카 로렌초 오노프리오*Lorenzo Onofrio*가 기획했고, 1700년 오노프리오의 아들 필리포 2세*Filippo II*가 완공하였다.

갈레리아 콜론나가 시작되는 그레이트 홀은 로마 바로크 미술이 낳은 걸작이라고 해도 과언이 아니다. 바로크를 회화, 조각, 건축, 조명, 음악이 어우러져 만들어 낸 복합 예술이라고도 하는데, 무슨 뜻인지 눈으로 확인할 수 있는 곳이 바로 그레이트 홀이다. 그레이트 홀은 콜론나 가문 공식 접견실이며, 가문 업적 중 하나인 레판토 해전*Battaglia di Lepanto*의 승리를 기념하는 곳이기도 하다.

레판토 해전은 오스만 튀르크*Osman Türk* 제국과 유럽 열강이 지중해 패권을 놓고 부딪힌 사건이다. 당시 지중해를 호령하던 오스만 제국이 베네치아령 키프로스*Kypros*섬을 점령하자, 베네치아는 오스만 세력의 팽창을 막으려고 교황청을 비롯한 가톨릭 국가에 도움을 요청한다. 이에 스페인, 제노바*Genova* 등이 참전해 신성 동맹을 맺고 코린트만*Gulf of Corinth* 레판토 앞바다에서 튀르크 함대를 격파한다. 레판토 해전은 유럽이 오스만 제국을 상대로 거둔 첫 승리였으며, 노를 젓는 갤리선*galley*이 중심인 마지막 해상 전투로 알려졌다.『돈 키호테*Don Quixote*』를 쓴 세르반테스*Miguel de Cervante*가 참전해 부상당하기도 하였다.

콜론나 궁전에 발을 들여놓는 순간 화려함에 입이 다물어지지 않는다. 콜론나 가문 역사와 세력을 한 번에 보여 주는 곳이다 보니 단순한 화려함보다 위엄과 웅장함이 느껴진다. 이곳은 단지 예술 작품이 전시된 공간이 아니라, 콜론나 가문의 영광과 로마 바로크 진수를 하나의 무대처럼 경험할 수 있는 곳이다.

그레이트 홀로 내려가는 계단에 대포알이 박혀 있다. 1849년 로마 공화국 시기 프랑스군이 교황 비오 9세를 지원해 혁명군으로부터 로마 도심을 탈환하려 할 때 자니콜로 언덕에서 발사한 것이다. 당시 마치니*Mazzini*, 아르멜리니*Armellini*, 사피*Saffi*가 이끄는 공화파가 로마를 점령하고 있었다. 이 대포알은 지금도 갤러리 입구 계단에 그대로 남아 있다.

모든 그레이트 홀 예술품은 19세기부터 '상속 자산 양도 금지*fidecommesso*' 조항에 따라 팔거나 분리할 수 없도록 법으로 묶여 있다. 이렇게 한 이유는 가문 유산을 보존하기 위해서였다. 이 조항 덕분에 예술품이 팔리지 않고 현재까지 남을 수 있었다.

아파르타멘토 프린시페사 이사벨레는 로마 귀족의 사적 공간을 들여다볼 수 있는 곳이다. 일상생활을 영위했던 장소의 가구와 장식을 예전 그대로 전시하고 있으며, 채워져 있던 예술품도 같이 관람할 수 있어 예술 취향 또한 알 수 있다.

아파르타멘토 프린시페사 이사벨레는 이사벨레 쉬르소크 콜론나 *Isabelle Sursock Colonna* 공주가 1984년 세상을 떠날 때까지 거주하던 곳이다. 이자벨레 쉬르소크 콜론나 공주는 레바논*Lebanon*의 부유한 쉬르소크 가문 출신으로, 1909년 마르칸토니오 7세 콜론나 *Marcantonio VII Colonna*와 결혼해 로마로 이주하였다.

로마 사교계 중요 인물이었던 그녀는 콜론나 궁전을 보전하고 복원하는데 애썼을 뿐 아니라, 제2차 세계 대전 중 예술품을 비밀 장소에 숨겨 보호하기도 하였다. 아파르타멘토 프린시페사 이사벨레는 여러 개 방이 연달아 이어져 있으며, 방마다 다른 콘셉트 *concept*와 장식이 인상적이다.

반비텔리의 방*Sala del Vanvitelli*에는 네덜란드 출신 이탈리아 화가 가스파르 반 비텔*Gaspar van Wittel*의 그림이 전시되어 있다. 이탈리아에서는 가스파레 반비텔리*Gaspare Vanvitelli*로 불리기도 한다.

17세기 후반~18세기 전반 활동하였으며, 로마와 나폴리 등 이탈리아 주요 도시 풍경을 정교한 원근법과 세밀한 묘사로 그렸다. 그의 작품은 마치 사진을 보는 듯한 느낌을 주어, 당시 이탈리아 도시 풍경이 어떠했는지 생생하게 경험할 수 있다.

방에 걸린 그림을 감상하다 보면 시간 가는 줄 모른다. 현재 모습과 옛날 풍경을 비교하며, 여전히 굳건하게 자리를 지키고 있는 모습에 안도와 대견함을 느끼게 된다. 그뿐만 아니라 누군가의 열정과 노력이 후대에 전해져 그 시대를 간접적으로나마 경험할 수 있음에 고마운 마음마저 든다.

369

분수의 방*Sala della Fontana*은 대리석 분수가 중앙에 있어 이렇게 불린다. 방에 들어서면 화려한 가구가 먼저 눈길을 끄는데, 아름다운 공간을 채운 가구 하나하나가 오브제*objet*가 되어 공간과 서로 시너지를 일으키고 있음을 알아채게 된다.

그다음으로 눈에 들어오는 것은 벽을 꾸미는 풍경화다. 나무와 풀이 무성한 정원에 앉아 있는 상상으로 이끈다. 벽 그림을 보면 대리석 분수가 왜 이 방에 있는지 그 배치 의도를 깨닫게 된다. 머무는 이가 그림 속 풍경 가운데 있는 듯한 느낌을 받도록 대리석 분수를 둔 게 아니겠느냐 추측을 하게 된다.

벽면 장식은 이탈리아 바로크 시대 풍경 화가 크레센치오 오노프리*Crescenzio Onofri*가 그렸다.

반원형 벽감의 전투 장면 프레스코는 17세기에 제작된 것으로 플랑드르*Flandre* 출신 화가 빈센트 아드리아엔젠*Vincent Adriaenszen* 작품이다. 아드리아엔젠은 1625년부터 약 20년간 로마에서 활동했으며, 역사적 사건과 전투를 사실적이고 역동적으로 그린 유럽 전투화 대표 화가다.

그의 다른 이름은 일 만치올라*Il Manciola*다. 일 만치올라는 "손이 없는 사람" 또는 "팔이 없는 사람"이라는 뜻으로 그가 생애 후반 오른팔을 잃으면서 불리게 된 별명이다. 오른팔을 잃은 연유가 기록에 정확히 나와 있지 않지만, 장애를 극복하고 활발한 작품 활동을 이어 나갔다.

이 방 천장 프레스코는 핀투리키오 *Pinturicchio*로 더 잘 알려진 베르나르디노 디 베토 *Bernardino di Betto* 작품이다. 그로테스크 *grotesque* 양식으로 성경과 신화 속 이야기를 그렸다.

콜론나 궁전을 둘러보다 보면 대리석 기둥이 그려진 바닥, 조각, 그림을 자주 만나게 된다. 대리석 기둥은 콜론나 가문 상징이다. 가문 이름 콜론나는 이탈리아어로 "기둥*column*"을 뜻한다. 교황, 추기경, 군사 지도자를 배출한 콜론나 가문은 자신들이 로마와 교황청을 지탱하는 기둥 역할을 했다고 여겼다. 천장 프레스코도 대리석 기둥 그림이 중심이다.

핀투리키오는 작고 왜소한 체구 때문에 붙은 별명이지만, 별명과 다르게 그의 작품은 화려하며 확실한 존재감을 드러낸다. 바티칸 박물관에 가면 대표작이라고 할 수 있는 작품을 만날 수 있다. 시스티나 예배당*Cappella Sistina*으로 향할 때 근현대 미술품 전시 공간인 보르자 아파트*Appartamento Borgia*를 거치는데, 그곳 천장 프레스코가 핀투리키오 작품이다. 관람객 대부분은 그냥 지나친다. 몇 발짝 더 가면 교황 알레산드로 6세*Alessandro VI* 의뢰로 제작한 아름다운 작품을 만날 수 있는데 말이다. 그림만으로도 화려한 장식이 가능함을 보르자 아파트 천장이 보여 준다.

폭풍의 방*Sala del Tempesta*은 발을 들여놓는 순간 어디부터 봐야 할지 고민되는 곳이다. 벽면에 바다 풍경을 그린 피터 뮬리에*Pieter Mulier*의 별명 일 템페스타*Il Tempesta*(폭풍)에서 방 이름을 따왔다. 피터 뮬리에는 바로크 시대 이탈리아를 주요 무대로 활동한 네덜란드 출신 화가다. 긴장감 있고 역동적인 해양 풍경과 전투 장면을 주로 그렸다. 그림뿐 아니라 삶도 폭풍처럼 격동적이었다고 전해진다.

거친 파도가 인상적인 벽면 해양 풍경화는 로렌초 오노프리오 콜론나*Lorenzo Onofrio Colonna* 공작 의뢰로 1667년~1668년 그린 작품이다.

천장과 일부 벽면 그림은 조반 바티스타 리치*Giovan Battista Ricci*와 루도비코 란조네*Ludovico Lanzone*가 아스카니오 콜론나*Ascanio Colonna* 추기경 의뢰로 1588년~1592년 그린 것이다. 그로테스크 양식을 사용하여 화려하면서 장엄하고 세련되게 그렸다.

폭풍의 방은 2세대에 걸쳐 장식한 공간이지만, 전혀 이질적이지 않고 조화롭게 꾸며져 있다.

콜론나 가문은 중세부터 오늘날까지 명맥을 유지하고 있는 몇 안 되는 로마 귀족 가문 중 하나다. 그렇기에 콜론나 궁전은 단순한 주거지가 아니라, 콜론나 가문의 역사가 축적되어 살아있는 문화유산 같은 공간이다.

콜론나 궁전에 갔을 때, 미술관으로 운영 중인 바르베리니 궁전이나 도리아 팜필리 궁전과는 다른 느낌을 받았다. 마치 콜론나 가문 일원 중 한 명에게 초대받아 집을 둘러보는 듯했다.

갈레리아 콜론나가 미술관 성격을 지닌 곳임에도 작품을 미술관처럼 전시하기보다 예전에 걸려 있던 모습 그대로 놓아두고 있고, 일반 공개 중인 아파르타멘토 프린시페사 이사벨레 또한 과거 배치와 분위기를 최대한 유지하고 있어서가 아닐까 한다. 그래서 한 가문의 역사와 더불어 그들이 살아온 흔적과 숨결을 따라 걷는 느낌을 받을 수 있었다. 콜론나 궁전은 과거를 현재에 머물게 하려는 콜론나 가문의 노력이 스며있다. 덕분에 살아있는 역사와 예술을 체험할 수 있는 공간으로 남았다.

콜론나 궁전은 매주 토요일 오전 9:15~오후 1:15(마지막 입장) 일반 방문할 수 있으며, 금요일 오전에 가이드 투어 *guided tour*를 진행하고 있다. 입장권은 현장에서 살 수 있지만 콜론나 궁전 홈페이지에서 예약하고 갈 것을 권한다.

콜론나 궁전

시간의 무게를 즐기자

로마는 시간 위에 세워진 도시다. 지층이 쌓이듯 서로 다른 시대 시간이 겹겹이 쌓여 오늘의 로마를 만들었다. 잦은 홍수와 화재 등으로 생긴 침전물과 붕괴한 건물 잔해를 치우지 않고 보존하거나, 그 위에 다시 길을 내고 재건을 거듭하는 이유도 축적된 시간을 지키려는 의도에서다. 그래서 길을 걷다 보면 고대 로마 시대 건물 흔적과 유적을 자주 볼 수 있고, 이것이 우리가 아는 로마 풍경을 만들었다.

'시간의 무게'는 단순히 흘러간 시간이 남긴 중압감을 말하는 것이 아니다. 시간이 형성한 결과물과 그 가치, 그리고 이를 보는 이가 느끼는 감정의 밀도를 의미한다. 시간이 쌓아 올린 무게를 느낄 수 있는 공간을 소개해 볼까 한다.

프란체스코 보로미니가 17세기 건축한 필리피니 회관 *Oratorio dei Filippini*에 가면 발리첼리아나 도서관 *Biblioteca Vallicelliana*이 있다. 그곳 보로미니 홀 *Sala Borromini*은 공간 가득 지나간 시간이 말을 거는 것 같다. 나무로 정교하게 장식한 천장, 2층까지 뻗은 책장에 빼곡히 꽂힌 고서적, 그리고 군데군데 놓인 무겁고 낡은 가구가 묵직한 감동을 전하며 '시간의 무게'를 느끼게 한다.

발리첼리아나 도서관은 1565년 성 필리포 네리가 소장했던 서적과 문서를 오라토리오 선교회에 기증하면서 설립되었다. 1575년 교황 그레고리오 13세*Gregorio XIII*가 정식 인가하였고, 1581년 아킬레 스타지오*Achille Stazio*가 기증한 인쇄본 1,700점과 원고 300점을 시작으로 대규모 기증이 계속되면서 많은 장서를 보유하게 되었다. 종교개혁과 반종교개혁 시기 문헌을 다량 소장하고 있으며, 보관 문헌 가운데 중세 및 인문주의 시대 원고는 로마가 중세 유럽 지식의 중심지였음을 증명하는 중요 자료다. 19세기 이후 문화재로 지정되어 이탈리아 문화부 관할 아래 운영되고 있다.

필리포 네리는 오라토리오*oratorio*란 악곡 장르의 형성에 영향을 끼쳤다. 연말이면 무대에 자주 오르는 헨델*Georg Friedrich Händel*의 명곡 〈메시아*Messiah*〉가 대표적 오라토리오다. 네리가 신자들과 '기도하던 곳'을 오라토리움*Oratorium*이라 했으며, 이곳에서 부르던 노래가 오라토리오가 되었다.

발리첼리아나 도서관

감동적인 첫 만남을 원한다면

로마에 첫발을 내디뎠던 때가 1996년 6월 뜨거운 햇살이 내리쬐는 여름이었다. 당시 유럽 여러 도시를 다녔지만 그다지 특별한 느낌을 받지 못했다. '내 주변 일상과 풍경만 다를 뿐 별반 다르지 않다.' 이것이 유럽 도시를 여행하는 내내 들었던 생각이었다. 그러나 로마에 입성하며 완전히 바뀌었다. 눈앞에 서 있는 콜로세움과 곳곳에 남은 유적이 진짜 유럽에 왔다는 것을 실감 나게 해주었다. 그간 경험하지 못했던 따가운 햇살이 정수리에 쏟아지고 있었지만, 로마를 처음 만난 흥분이 더위 따위는 아랑곳하지 않게 했다. 특히 정신없이 시내를 돌아다니다 마주쳤던 나보나 광장은 지금도 생생한 감동으로 남아있다. 그 여운이 아직도 로마에 가는 것을 설레게 한다.

나보나 광장과 연결된 골목에 들어서자 펼쳐진 눈앞 풍경은 마치 판타지 같았다. 세트장을 연상케 하는 광장 모습이 그저 신기했고, 설명할 수 없는 짜릿함도 느꼈다. 그때 기억이 일상에서 로마를 생각할 때마다 아련하게 떠올라 다시 발길을 이끄는 마음속 불씨가 되었다.

사람에게 첫인상이 중요하듯 처음 맞닥뜨리는 대상에게 받는 느낌 또한 무시할 수 없다. 뇌리에 어떻게 남느냐가 기억의 기한을 결정한다. 좋은 기억일수록 오래 간직하게 되고, 추억이라는 이름으로 되새김질하며 그 수명을 연장해 간다.

로마 유적지도 마찬가지다. 처음 어떻게 시야에 담는가로 감동의 깊이가 달라진다. 장점이 확연히 돋보이는 위치에서 마주한다면 더욱 강렬한 첫인상을 받을 수 있다.

특히 로마 대표 명소인 트레비 분수와 판테온은 어느 위치에서 만나느냐에 따라 감동 크기가 변한다. 골목을 걸어가며 듣는 분수 물소리, 역사의 후광을 드러내는 판테온 전경이 전하는 설렘부터 다르다. 골목 어귀 조금씩 보이는 앞모습과 실루엣을 마주하고 다가가면, 쿵쾅거리는 기대감에 점점 걸음이 빨라진다.

트레비 분수와 판테온은 광장으로 연결되는 골목이 많은 편이라 접근하는 길을 먼저 정하는 것이 좋다.

트레비 분수의 웅장함을 느끼며 만나고 싶다면 비아 델레 무라테 *Via delle Muratte*와 비아 디 산 빈첸초 *Via di S. Vincenzo* 골목을 추천한다. 비아 델레 무라테 골목은 트레비 분수 정면 좌측에서 앞으로 지나가는 길이다(아래 사진). 반면에 비아 디 산 빈첸초는 분수로 다가갈수록 트레비 분수 중앙이 보인다(오른쪽 페이지 사진).

판테온을 만나기 좋은 골목은 비아 델라 리제타*Via della Risetta*, 비아 델 판테온*Via del Pantheon*, 비아 주스티니아니 *Via Giustiniani*다. 비아 델라 리제타는 판테온 정면 우측 부분이 먼저 보이는 길이고(아래 첫 번째 사진), 비아 델 판테온에서는 정면 좌측이 먼저 보인다(아래 두 번째 사진).

비아 주스티니아니는 나보나 광장에서 판테온으로 갈 때 주로 다니는 골목이다. 길에서 나와 몸을 돌리자마자 판테온 정면을 볼 수 있다. 갑작스럽게 짠~ 하고 마주치고 싶다면 이 골목이 제격이다.

트레비 분수

판테온

떠나기 전에 (즐거운 로마 여행을 준비하며)

여행 시작은 비행기를 타고 목적지에 도착한 때부터가 아니라, 여행을 마음먹은 그 순간부터가 아닐까? 곧 설렘이 시작되지만, 준비하다 보면 정말 잘 결정한 건지 갑자기 고민되기도 하고 괜스레 귀찮아질 때도 있다. 그러나 이 모든 과정을 거쳐 비행기에 오르는 순간 '정말 잘했구나!'하는 생각이 든다.

철저하게 준비한다 해도 여행지에서 맞닥뜨리는 변수를 피하기 힘들다. 그렇다고 무작정 떠날 수는 없고, 욕심만큼 잘되지 않아 갈팡질팡할 때도 있다. 하지만 이 모든 과정이 여행에 애정을 쏟는 시간이라 생각한다. 고민이 많을수록 여행을 대하는 자세가 달라지고 여행의 깊이도 더한다. 특히 로마는 관심 정도에 따라 다가오는 느낌이 변하는 도시다. 할 수 있는 한 최소한의 준비는 하고 가기를 권한다.

사소하지만 유용한 정보 몇 가지를 알려주고자 한다. 별거 아닐 수 있으나, 가끔 작은 정보가 여행 전반을 좌지우지할 때가 있어 계획 세우는 데 참고가 되었으면 한다.

여행 코스 계획할 때 유용한 꿀팁

이전 책 『내 손안의 로마』 초판 출간 후, 추천 여행 코스를 같이 실으면 좋지 않겠냐는 의견을 받았다. 책의 의도와 맞지 않아 개정판을 낼 때 반영하지 않았다. 초보자에게는 전문가가 추천하는 코스가 유용할 수 있다. 하지만 초행길이더라도 공부하는 과정에서 자신이 어떤 것을 좋아하는지, 무엇을 보고 싶은지 알게 되어 필수 방문지를 고르게 된다. 또한 여행객 대부분은 각자 여건에 맞춰 스스로 상세 일정을 정한다. 무엇보다 여행을 오래 하면서 자신의 속도가 중요하다는 것을 알았기에 정해진 틀을 제시하고 싶지 않았다.

로마는 그 자체가 유적지고 박물관이다 보니 볼 것이 넘쳐나는 도시다. 그래서 로마에 처음 가는 여행자라면 일정을 어떻게 짜야 할지 막막할 수 있다. 그러나 그런 고민 가운데 로마가 보이고 자연스럽게 공부하게 된다.

여행을 어디서 시작하든 상관없다. 다만 로마를 구역별로 나누어 동선을 최소화하는 것이 포인트라 말하고 싶다. 들쑥날쑥 여기저기 이동하는 것이 아니라 시작하는 장소를 기준으로 점차 범위를 넓혀가는 방식이 좋다.

예를 들어, 첫 시작을 바티칸 박물관으로 정했다면 이후 산 피에트로 대성당→산탄젤로성→나보나 광장→판테온... 이런 식으로 움직이는 것이다. 바티칸 박물관에서 산 피에트로 대성당→산탄젤로성→트라스테베레 지역으로 가는 것도 괜찮다.

들뜬 마음을 잠시 가라앉히고 여행 목적을 잘 생각하기 바란다. 목적이 정해져야 방향이 결정되기 때문이다. 방향에 맞춰 꼭 가야 할 곳이 생기고, 버려야 할 곳이 정해진다. 로마는 한 번에 모든 것을 다 보고 올 수 있는 곳이 아니다. 진짜 로마를 만난다면 다시 보고 싶어 여러 번 방문하게 될 것이다.

여행 일정을 짤 때 고려해야 하는 것이 시간이다. 여행에서 시간은 경비만큼 중요하다. 한정된 시간 안에 효율적으로 여행하려면 시간을 돈으로 사야 할 때도 있다.

바티칸 박물관과 콜로세움(&포로 로마노&팔라티노 언덕), 판테온에 갈 예정이면 여행 전 인터넷으로 예약하는 것을 적극 추천한다. 예약 수수료가 있지만, 마냥 줄을 서는 수고와 시간 낭비를 줄여 준다. 온라인으로 예약 시 발급된 바우처*voucher*를 프린트하거나 휴대전화에 저장해 가면 줄을 서지 않고 바로 입장을 할 수 있다 (여권이나 사본을 챙겨 간다. 기재된 이름과 얼굴을 확인할 때도 있다). 바우처에 바코드*bar code*가 있는데, 이를 인식해 줘야 들어갈 수 있다. 보통 콜로세움 관람 후 포로 로마노나 팔라티노 언덕에 간다. 입장할 때 바코드를 확인하므로 프린트해 갔다면 바코드를 손상하거나 버려서는 안 된다.

바티칸 박물관과 콜로세움은 오전 시간대 방문을 권한다. 바티칸 박물관은 오전 첫 시간이 8시 30분인 때도 있고, 9시 정각일 때도 있는데 문 열자마자 가면 관람객이 붐비지 않는다.

콜로세움(&포로 로마노&팔라티노 언덕)은 해를 피할 공간이 마땅치 않으므로 햇살이 덜 따가운 오전 시간에 방문하는 것이 좋다.

바티칸 박물관과 산 피에트로 대성당 방문을 같은 날로 잡는 사람이 많다. 두 곳 일정을 다른 날로 나누고 오전 계획이 있다면, 바티칸 박물관에 오후 늦게 가는 것도 좋다. 관람객이 덜 붐비고, 햇살이 들어오는 낮보다 그림과 벽화가 더 선명하게 보이는 이점도 있다. 저녁이 가까워질수록 창문 너머 어스름한 바깥 풍경이 더욱 운치 있게 보이는 건 덤이다.

로마 시내 성당을 방문한다면 구글*Google*이나 성당 홈페이지에서 미리 입장 가능한 시간을 확인해야 한다. 하루 종일 여는 성당도 있지만, 미사*Missa* 등 이유로 개방 시간을 정한 곳도 있다.

바티칸 박물관 예약

https://tickets.museivaticani.va

콜로세움 & 포로 로마노 & 팔라티노 언덕 예약

https://ticketing.colosseo.it

판테온 예약

https://museiitaliani.it

호텔 선택 방법

로마는 손에 꼽히는 유명 관광지라 다양한 호텔이 곳곳에 있다. 평상시 알고 있는 브랜드 호텔보다 부티크 호텔*boutique hotel*이나 생소한 호텔이 더 많다. 그리고 룸*room* 크기가 의외로 작거나 지은 지 오래된 호텔이 많아 잘 선택해야 한다.

호텔을 정할 때 가장 먼저 고려해야 할 것이 여행하는 동안 머물 지역이다. 여행자 대부분은 이동시간을 줄이려고 공항에서 로마로 들어왔을 때 내리는 테르미니역 주변에서 호텔을 찾는다. 로마에서 다른 지역으로 이동하려는 여행자도 테르미니역 근처를 선호한다.

로마 여행이 하루나 이틀로 끝나는 여정이 아니라면, 테르미니역 주변을 고집할 필요는 없다. 테르미니역이 주요 관광지에서 조금 떨어져 있다 보니 일정을 마치고 돌아가는 길이 의외로 힘들다. 그래도 테르미니역 주변 호텔로 정하고 싶다면 몬티 지구를 추천한다. 몬티 지구는 로마의 예스러움*Old*과 새로움*New*이 공존하는 곳으로 산타 마리아 마조레 대성당과 콜로세움 사이 지역이다. 현지인처럼 지내고 싶다면 트라스테베레 지역도 괜찮다. 관광객이 복작이지 않는다.

로마에 있는 동안 머물 지역을 선택했다면 이제 잠자리를 책임져 줄 호텔을 찾아보자.

호텔을 예약할 때 가장 선호하는 사이트(또는 앱 application)는 트립어드바이저 Tripadviser다. 숙박했던 여행자가 남긴 사진과 평가를 우선 참고하고 순위 또한 본다. 최근에 리모델링 remodeling한 호텔이라면 평가자 수가 많지 않아 순위가 높지 않을 수 있다.

그럼 어떻게 그 호텔이 괜찮은지 알 수 있을까? 바로 욕실과 룸 바닥 사진이다. 욕실이 현대적이지도 깨끗하지도 않거나 샤워 커튼 shower curtain이 달려 있다면 오래된 호텔일 확률이 높다. 대부분 호텔 룸에는 카펫 carpet이 깔려 있다. 리모델링했다면 나무 바닥이거나 부분 카펫일 때가 많다.

그리 굉장한 팁은 아니지만, 이 두 가지 기준으로 로마뿐 아니라 다른 여행지에서 호텔을 정할 때도 실패 확률을 줄일 수 있었다.

트립어드바이저

여행 전 맛집을 찾고 예약하는 방법

여행 즐거움을 배가시키는 요소 하나가 먹을거리다. 무엇을 누구와 어디서 어떻게 먹느냐에 따라 여행 만족도가 많이 달라진다.

매년 로마 여행을 할 때마다 '무엇을 먹을까?'가 난제다. 지난 여행에서 좋았던 곳을 다시 가기도 하지만, 그래도 새로운 곳을 발견하고 싶은 욕심을 버릴 수 없어 떠나기 전 맛집을 찾는 것이 중요한 일이 되었다.

많은 여행자가 개인 블로그*blog*에 올라온 글을 참고해 맛집을 고른다. 경험상 블로그는 개인 취향에 의존하고 홍보도 많아 조금 위험하다는 생각이 든다. 그동안 시행착오를 거쳐 내린 결론은, 현지인이 좋아하는 맛집을 찾아야 한다는 것이었다. 오랜 시간 만족과 불만족 사이에서 알아낸 노하우*knowhow*를 공유해본다.

이탈리아에서 반드시 먹어야 하는 음식 중 하나가 피자*pizza*다. 이탈리아 피자는 미국식 피자와 달리 토핑*topping*을 많이 올리지 않는다. 토핑이 적다는 것은 도우*dough*로 승부를 건다는 말이다. 도우가 얼마나 맛있고 색다른지가 피자 맛을 결정한다고 할 수 있다. 현지인이 인정하는 피자가 궁금하다면, 50 톱 피자(https://www.50toppizza.it)를 참고하면 된다. 매년 이탈리아와 그 외 피자 맛집을 선정해 소개한다. 이미 알고 있는 곳 말고도 새롭게 부상하는 곳을 알 수 있어 유용하다.

그간 경험한 바로는 미슐랭*Michelin*이 늘 옳지는 않았다. 물론 외국에서 식당을 선택할 때 무시할 수 없는 기준인 건 맞다. 그러나 이탈리아에서 맛집을 찾을 때는 미슐랭보다 감베로 로쏘*Gambero Rosso*를 더 선호한다.

감베로 로쏘는 이탈리아 음식 및 와인을 소개하는 미디어다. 매년 분야별, 지역별 최고 식당을 뽑아 책으로 출간한다. 홈페이지 (https://www.gamberorosso.it)에서 선정된 곳을 볼 수 있으며, 이탈리아 식문화 기사와 자료도 있다.

새로운 식당을 찾을 때는 구글 지도에서 방문자 평가와 후기를 보기도 한다. 구글 지도는 식당 위치나 주변 지역을 탐색할 때 꽤 유용하다.

여행을 가기 전 일정을 계획하고 그에 맞춰 호텔, 미술관, 교통수단, 식당 등을 예약하고 가는 편이다. 식당은 일정 변동을 고려해 꼭 가고 싶은 몇 군데만 정해 예약한다.

우리나라에서 현지 식당을 예약하는 방법 몇 가지를 소개한다.

첫 번째, 숙박하는 호텔의 컨시어지 서비스 *concierge service*를 이용한다. 호텔 예약 후 이메일*email*을 보내 가고자 하는 식당 예약을 요청하면 기꺼이 도와준다. 간혹 또 다른 식당을 추천해 주기도 한다.

두 번째는, 사용하고 있는 신용카드 서비스를 통하는 방법이다. 카드 혜택 가운데 컨시어지 서비스가 있으면 이용하길 권한다. 첫 번째와 마찬가지로 카드사 컨시어지 서비스에 메일로 요청하면 예약 상황이나 별도 안내 사항을 답변해 준다. 예약이 여의치 않을 때는 직접 전화로 알려주기도 한다.

마지막으로 소개할 방법은 식당 예약 앱이다. 자주 사용하는 앱은 더포크*TheFork*다. 급할 때 요긴하며 가끔 할인도 받을 수 있다.

50 톱 피자

감베로 로쏘

더포크

화장실 이용

외국을 여행할수록 우리나라가 살기 좋은 나라임을 깨닫게 된다. 특히 화장실을 찾아야 할 때 더욱 그렇다. 외국 여행 중 화장실 이용이 쉽지 않아 고생한 경험이 한두 번은 있을 것이다.

로마에서 화장실을 급하게 가야 할 상황이 발생하면 어떻게 해야 할까? 가장 많이 사용하는 방법은 주변에 있는 아무 바르에 들어가 화장실 유무를 확인하고, 이용 후 커피나 음료를 마시고 나오는 것이다.

그다음으로 많이 사용하는 방법이 맥도날드 *McDonald's* 같은 프랜차이즈 *franchise* 매장 화장실을 이용하는 것이다. 요즘은 맥도날드 매장 중에 1유로 동전을 넣어야 들어갈 수 있는 곳도 있으니 미리 준비해 둔다. 이용 후 커피나 아이스크림콘 *ice cream cone* 하나 사서 나오곤 한다. 로마에도 스타벅스 *Starbucks* 매장이 늘어나고 있다. 주변에 보인다면 다리도 쉴 겸 이탈리아 스타벅스 커피는 어떤지 맛볼 겸 들어가 이용하면 된다.

거리에서 옆 사진 속 부스를 발견하면 바로 직행한다. 지하에 깨끗하게 관리된 화장실이 숨어있다. 1유로 사용료가 있고, 동전이나 카드로만 결제할 수 있다.

로마를 여행할 때, 1유로 동전은 여러모로 유용하다. 화장실을 이용할 때뿐 아니라, 앞서 이야기했듯 성당에서 작품을 감상할 때도 필요하다.

요즘은 카드 사용이 많아 환전해 가는 현금이 줄어들고, 트래블 카드 *travelcard* 사용이 보편화되면서 역시 현금 사용 빈도가 낮아지는 추세라 예전처럼 여행 후반에 남은 동전을 처리하려고 애쓸 필요가 없다. 하지만 화장실 이용이나 성당 내 작품 감상에 쓰려면 1유로 동전 몇 개는 미리 준비해 놓아야 한다.

에필로그

로마는 볼 것이 넘쳐나는 도시다. 발길 닿는 곳마다 역사 유적지고 명소다 보니 도시 자체가 많은 이야기를 품고 있다. 다만 내가 먼저 다가가지 않으면 그 매력을 보여주지 않는다. 그렇기에 로마를 느끼기 위해서는 대중교통을 이용하기보다 걷는 것이 좋다. 유적지 사이 거리가 멀지 않아 걸음을 가볍게 한다. 지도를 내려놓고 그저 발길 따라 걷다 보면 우연을 가장한 선물 같은 상황이 다가옴을 알 수 있다.

이 책은 『내 손안의 로마』에 덧붙여 로마의 매력을 소개하는 책이다. 매년 로마로 떠나는 내게 사람들은 왜 그리 로마를 좋아하는지 자주 질문한다. 누군가를 좋아하거나 사랑하게 되는 건 이유가 있어서가 아니라, 한순간 끌림이 마음에 와닿았기 때문 아닐까? 그러한 화학적 반응 후에 타당한 이유를 찾아가는 것처럼, 나의 로마 여행은 그 이유를 찾아가는 여정이다. 그 속에서 로마가 매력 넘치는 도시임을 매번 깨닫는다.

어떻게 하면 로마의 매력을 제대로 느낄 수 있는지 사람들에게 알려 주고 싶었다. 그런 마음이 책에 담겼다.

다른 이도 내가 느낀 로마 매력에 빠져 보기를 바라본다.

로마 숨은 매력 찾기

초판 1쇄 인쇄 2025년 7월 21일
초판 1쇄 발행 2025년 7월 28일

지 은 이 최순원
편 집 장 김태섭
디 자 인 정영신
펴 낸 곳 솔깃미디어
출판등록 2019년 6월 12일 (제2019-000044호)
주   소 서울특별시 용산구 한강대로48길 21, 301호
문의전화 02-790-2212 팩스 02-790-2213
이 메 일 book@solgitmedia.com

ISBN 979-11-993464-0-6 13980

값은 뒤표지에 있습니다.

이 책은 저작권법에 의해 보호받는 저작물이므로 무단 전재와 복제를 금합니다.
이 책의 모든 사진은 저자가 직접 찍은 것으로 저작권은 저자에게 있습니다.
카라바조의 소실된 성 마태오와 천사 그림, 카라바조 초상화는
Wikimedia Commons에서 인용하였습니다.
초상권 보호를 위해 사진 속 인물에게 선글라스를 씌웠습니다.